100个看上去很傻其实一点都不傻的问题

[法]斯特凡纳·弗拉蒂尼 著
[法]罗伯特 绘
董翀翎 译

中国科学技术大学出版社

安徽省版权局著作权合同登记号:第 12181814 号

© Copyright 2018,Editions Martinière(for 100 QUESTIONS STUPIDES MAIS PAS SI BÊTES)
Simplified Chinese rights are arranged by Ye ZHANG Agency (www.ye-zhang.com)
本翻译版获得 Martinière 出版社授权,全球销售,版权所有,翻印必究。

图书在版编目(CIP)数据

100 个看上去很傻其实一点都不傻的问题/(法)斯特凡纳·弗拉蒂尼(Stéphane Frattini)著;(法)罗伯特(Robbert)绘;董翀翎译. —合肥:中国科学技术大学出版社,2018.5(2022.1 重印)
ISBN 978-7-312-04426-7

Ⅰ.1⋯　Ⅱ.①斯⋯　②罗⋯　③董⋯　Ⅲ.科学知识—普及读物　Ⅳ.Z228

中国版本图书馆 CIP 数据核字(2018)第 060394 号

出版	中国科学技术大学出版社 安徽省合肥市金寨路 96 号,230026 http://press.ustc.edu.cn https://zgkxjsdxcbs.tmall.com
印刷	鹤山雅图仕印刷有限公司
发行	中国科学技术大学出版社
经销	全国新华书店
开本	787 mm×1092 mm　1/16
印张	13
字数	174 千
版次	2018 年 5 月第 1 版
印次	2022 年 1 月第 4 次印刷
定价	68.00 元

为什么男人秃头比女人多?

为什么金属比木头凉?

为什么昆虫会扑向亮着的灯泡?

舌头为什么会粘在冰块上?

鱼会喝水吗?

人终有一天可以飞吗？

每一天，都有上百万乘客在天空中飞行。不过，有没有可能有一天，人类可以进化到不用借助任何机器就能在空中飞呢？就像超人或麻雀一样。

永恒的梦想

在希腊神话里，伊卡洛斯用蜡和鸟的羽毛制造了一对翅膀。但是当他飞行的时候，却飘飘然于自己的成功，靠太阳太近：蜡融化了，英雄坠落身亡。现实中，最先飞上天的是一个热气球，1783年，人类第一次打败地心引力。他们一开始用了一只鸭子、一只鸡和一只绵羊测试了他们的飞行器。

带不带翅膀？

事到如今，我们进展如何？在个体飞翔方面，定点跳伞的大师们穿着带有软翼的连体服，从悬崖高处冲下，可以滑行几百米。瑞士的"火箭侠"，穿着装配了硬质短翼和4个发动机的连体服，能以300千米/时的速度运动。以上当然没有一个可以和鸟类飞翔相比！实际上，必须有翅膀才可以飞吗？单凭意念的力量，人类没有能力飞离地面吗？这点是可以明确断言的：或者他们永远不会成功，或者他们根本没打算起飞！

未来的跳跃

如果我们的物种进化出飞翔的能力呢？毕竟蝙蝠就是从一个古老的祖先进化来的。这也不是没有可能：必要的前提是，地面出现了危险，以至于个体需要逃得更高来获得更多生存和繁殖的机会。渐渐地，我们的物种就可能进化出更轻的骨头、更大的肺、更大的手，然后是翅膀……但是我们应该如何命名这个新物种呢？鸟人？蝙蝠人？还有更好的主意吗？

为什么巧克力的味道要比蔬菜好?

我曾经听过一个好借口:"巧克力也是蔬菜的一种,因为它是用可可树的种子制作的!"也对,也不对,因为这里的问题主要是糖和脂肪……

苦味蔬菜

啾啾!婴儿开心地吞下胡萝卜泥、花菜泥或西兰花泥。但是,随着他们年龄的增长,事情就变得麻烦了,大部分孩子对蔬菜都会露出嫌弃的表情。这是可以用科学解释的!在小时候,人都是害怕苦味的,因为苦味经常是有毒植物的信号。由于蔬菜都有点苦,因此把它们吐出来就是一个不由自主的反射,只是为了避免把自己吃中毒。

脂肪储备

巧克力本身是一种高质量的食物，充满了矿物质。想要激活大脑、驱散低落情绪……只需要吃一点点黑巧克力就可以了。在牛奶巧克力中，因为含有大量的糖和脂肪，所以孩子们更喜欢它。他们平均每天会吃掉15克（一年将近6千克）巧克力，他们简直爱死巧克力了！我们的身体迷恋糖，并将其视作一种"奖赏"。然后还有脂肪，这无疑是一个古老的反射留下的痕迹：储存脂肪，以应对未知的饥荒时期。

对身体好

总的来说，我们的身体还是和原始人一样运作的，而且很久以来，我们也不再有把自己吃中毒或饿死的风险！所以最好还是过得像一个现代人一样：少吃点巧克力，并且在吃过了蔬菜之后再吃，这个习惯在短时间内就可以养成。世界范围的统计表明，孩子最爱吃的5种蔬菜排序为：西红柿、胡萝卜、豆角、豌豆、樱桃萝卜（小红圆萝卜）！

我们为什么会叹气？

我们每个人都会在一天当中的某个时刻经历到这个。我们长吸一口气，然后"呼……"，我们吐气太用力，以至于脸颊都鼓起来了。奇怪的是，我们却感觉到一点点放松！

叹气是什么？

叹气是一个类似深呼吸的动作，比普通的呼吸要强劲两倍。它和我们的情绪有关，这些情绪有时是负面的，比如我们失落或累了，无聊了，比赛输了……不过有的时候人们在正面情绪下也会大口呼吸，例如我们取得胜利时，或是从危险中逃脱时。实际上，我们一直都在叹气，平均每5分钟一次！

大量的氧气

呼吸是一个反射运动，也就是说我们不用想就可以做到。不过当我们以一个正常的节奏呼吸了一段时间之后，肺的效率就会变低。叹气时（同样还有打哈欠或大笑时），吸入的空气充满上亿个肺泡（铺满肺部的细微的小囊）。就是在这里，氧气会进入血液中，同时二氧化碳被释放到即将呼出的空气中。结论：深呼吸就像给了我们"一鞭子"，对大脑来说简直棒极了！

无声的语言

叹气还可以帮助我们和其他人交流。这可能是宣告不满，比如在一条等待的长队中，或者在一个漫长的演讲中。不过当然也存在更私密的叹气，比如说爱情的叹息。对于懂得聆听的人，叹气经常可以诉说很多故事呢……

为什么我们吃完红菜头后会尿红色的尿?

"哎呀!发生了什么?我病了吗?"小便的时候,他受到了短暂的惊吓。然后他想起来了:"啊,对了,我吃了红菜头!"

会染色!

你发现了吗?当你在市场上买做熟的红菜头时,为了不把手指头染上颜色,卖家会小心翼翼地隔着塑料袋来取。因为红菜头是一种很少见的含有甜菜苷的植物,甜菜苷是一种很强的红色素,名字是从红菜头的学名——甜菜得来的。

在胃里

一般来讲,在我们吃下有颜色的食物(比如胡萝卜或蓝莓)后,色素在胃里马上就会被消化液清除掉而使食物变得无色。但是甜菜苷的抵抗力很强!一部分会进入肠道,在那里被吸收到血液中。几小时后,色素就会被排放到尿液(还有大便)里,把尿液的颜色变成浅粉红至红色,颜色深浅因个体和吸收的甜菜苷的量而异。不过任何情况都是绝对安全的!

超级色素

如果我们不喜欢红菜头呢?我们还是会在毫不知情的情况下吃到红菜头的成分!读一下某些饼干、菜汤、猪肉制品的成分表,你会看到色素 E162 出现在里边,这就是甜菜苷提取物。不过,在色素 E162 的形式下,这种物质就不会对人体产生相同的作用了。

为什么不同地区的贴面礼次数不一样？

用贴面礼❶跟人打招呼，这在法国看上去是再平常不过的事情。但是实际上，这是一种复杂的礼仪，没人可以声称自己熟知所有的惯例！

贴面礼

我们用慢动作观察一下贴面礼：我们把头伸向对方，把嘴角对着他的脸，然后轻轻地把脸颊贴在对方脸上，同时发出小小的吮吸声（这点非常重要！）。据专家所说，这个动作需要用到12块面部肌肉。而这个举动有点类似于动物"闻"对方，意味着大家都是平等的。

---

❶ 法式贴面礼是一种熟人日常打招呼的方式。——译者

好的，那么多少次呢？

跟熟人、家人或朋友，我们的次数已经稳定了。但是和陌生人呢？你把嘴高高噘起时，别人的脸已经离远了，这种情况是有可能发生的。为什么呢？很简单，因为官方规矩完全不存在。比如，在法国南部的比利牛斯地区，人们一般亲两次，但是在中部和东南地区是三次，西部和北部地区多是四次……甚至有一个网站以数据为基础，专门讨论这个课题，然后，很意外！即使在同一个地区，贴面礼次数也有不同。只有在巴黎，各个地方的人相遇在一起，人们满足于两次，以避免尴尬。

那么从哪侧脸开始呢？

即使我们了解了次数，但是应该从左侧还是右侧开始亲第一下呢？这方面也一样，根本不可能建立标准，不过在西班牙总是从右边开始。如果你不确定，最好让别人先开始。大不了两个人都杵着不动，做一个"隔空贴面礼"。不过在此之后，你们两个人会为纠结这样的小事而开怀大笑，这也是一种非常好的破冰方式，本来也是人们相互认识最初的目的。

为什么法国国歌叫《马赛曲》而不叫《巴黎曲》?

"起来!祖国的子民们……"在法国所有的仪式上,在每一次体育健将胜利时,都回响着这首歌,象征着人们为了自由而战。但是资产阶级和普罗旺斯的马赛有什么关系?

诞生于斯特拉斯堡

一切都从1792年4月开始。在大革命中,法国同奥地利开战,路易十六想要复辟重回王座。在斯特拉斯堡,莱茵军团的军官们聚集在一起,准备出征。为了他们的荣誉,一位名叫克洛德·约瑟夫·鲁日·德·李尔的军官兼诗人,用一整夜写了首战歌,叫作《莱茵军团战歌》。

700千米行军

两个月后,一位年轻的军官——弗朗索瓦·米讷,被派去马赛组织革命者进军巴黎。他起头唱了这首歌,并将其命名为《边境军团战歌》,还将歌谱印刷并且派发给战士们。在之后的26天中,人们高唱着这首歌来鼓舞行军的士气。当他们到达首都后,激动的群众都学起了这首马赛之歌,而这首歌也很快被更名为《马赛曲》。1795年7月14日,《马赛曲》成为法兰西共和国的国歌。

你能想到莫扎特吗?

　　1806年,《马赛曲》被拿破仑一世取消了国歌的地位,在1830年一场新的革命后,它又再次出现。之后,1879年,它再次成为国歌,在法兰西第五共和国依然生效。从2016年开始,法国的孩子们会在学校学唱,但是只唱第一节,而原始歌曲有7个部分。在音乐方面,它受到了莫扎特创作于1786年的《第25号钢琴协奏曲》的影响。但是!莫扎特——一位伟大的作曲家,是其他国家的人——奥地利人❶!

---

❶《马赛曲》最初来自法国对奥地利出征的战歌。——译者

为什么英国人用脚(英尺)和拇指(英寸)测量?

和美国人一样,英国人使用的测量系统是从大英帝国时期开始的。还好,我们还是找到了换算的方法。

一直都是这样

想象一下,一个成年人,在法国有1.8米高。在英国,他的身高是5英尺❶11英寸❷!这个测量来自"皇家系统",制定于1824年不列颠帝国时期。不过法国也如此,几个世纪以来,人们都喜欢使用拇指、脚或肘来测量。实际上,这些以人体部位为基准的测量方式早已在古希腊、古罗马、古埃及,还有亚洲被使用了。这套测量系统有个非常实际的好处:人们永远都能从自己身上找到测量工具!就是有几厘米的误差而已。

奇怪的单位——米

但是在1789年法国革命之后,人们决定建立一种更加合理的测量系统,以一个新的长度单位——"米"为基准,这出自一个科学家委员会的定义:经线从赤道到北极的距离的千万分之一!这个单位难以形象化,不是吗?而且今天,它的定义变得更加复杂:光在真空中行进1/299792458秒的距离。的确更复杂,不过相反的是,米制系统使用起来却更加方便,因为换算时只要乘以或除以10(移动小数点)就可以了,比如从毫米到厘米。

大谬误

20世纪,人们建立了国际标准单位制(SI),涉及距离、质量、时间、电流……虽然这些单位在全世界范围内被使用,但是在各地,人们日常更喜欢使用另一个计量系统。这就无法避免出错了,比如1999年,太空探测器火星气候探测者号撞毁在那颗红色的行星上,因为它使用国际单位制的软件系统接收了英制单位的数据……结果就成了一个8.13亿美元的玩具,真是太蠢了!

---

❶ 英尺:以人脚长度为依据的长度计量单位。——译者
❷ 英寸:1英寸就是一节大拇指的长度。——译者

为什么男人秃头

刚开始的时候,每个人头上都拥有10万~15万根头发,平均每平方厘米200根。但是,在步入中年以后,有些人可能再也不用去理发店了!

比女人多？

梳一下头

看看你的枕头或浴缸，你一下就能发现一些头发，这很正常！我们每天会脱发30~50根，然后一直都会有新的头发长出来。头发的生长周期（0.75~1.5厘米每个月）持续2~4年，之后以脱落终结。

睾丸酮的错

只要头发一脱落，一切就都会重新开始：发囊——头皮上微小的毛囊，可以产生新的头发，在人的一生中可以重复30次左右。不过这个循环可能被一种男性激素——睾丸酮打乱。睾丸酮会产生一种物质，加快头发的更新速度。一段时间之后，头发就不再生长了！每三个男人中就有一个，三十岁之后，鬓角开始变稀疏，然后在头顶出现一个光秃秃的区域。这个现象通常是遗传的：从爸爸传给儿子。在女人中，脱发主要出现在五十岁之后，而且也不那么容易被发现：浓密的头发变得稀疏，没有秃的区域。

医生，要紧吗？

实际上，这并不严重，对健康没有任何影响。但是掉头发这种事情还是挺讨厌的。那么，怎么办呢？我们可以戴假发或植入毛囊——从一个地方取一些头发植到另一个地方……有些男人则更喜欢刮成光头。有幽默感的人可以组织一个光头协会，然后定个口号——"笑到最后的是光头"❶。

---

❶ 此处有一个谐音梗，读音同"蝙蝠"。——译者

鸟会唱错歌吗？

叽叽喳喳！咕咕！……这些欢快的旋律宣告着春天的到来。不过，所有的鸟都是优秀的歌唱家吗？或者说有没有"五音不全"的鸟呢？

爱情之歌

全年中，大部分鸟，不管是雄性还是雌性，都会发出各种各样的叫声来保持联系，警报危险，或是索取食物……但是只有雄鸟在春天唱歌。旋律最好的曲子是由森林里的小型物种——知更鸟或夜莺唱的。它们在唱什么呢？"这里，是我家！"还有"漂亮的女士，你来吗？"。

每只鸟都有自己的歌

鸟类使用一个被叫作"鸣管"的器官来发出声音,鸣管可以超快速地收缩。物种进化得越高级,曲调就越复杂,由变化多端的更长的小节组成……刚开始,年轻的雄性都还很笨拙,但是很快地,它们就可以唱出音符了,以某些频率振动鸣管,并将其连成具有自己风格的旋律。如何才能知道一只鸟唱的是"错"还是"对"呢?我们没有可以用来评判的标准。再说,只有雌性的意见才算数:如果雌鸟不喜欢这首歌,雌鸟就会去别处看看,那么这只雄鸟就暂时不会有孩子了。不像人类,即使唱歌难听到可怕的爸爸们,也还是有后代的!

模仿者

很多鸟都会借鉴其他鸟的声音。比如欧洲的大苇莺,因为冬天会迁徙去非洲,所以会在练声中融入从非洲的鸟那里学来的音节!但是最好的模仿者是华丽琴鸟,这是澳大利亚的一种琴鸟。这个聪明的家伙可以完全复制它听到的所有声音……什么样的雌性可以抗拒照相机的快门声或切割机的咆哮轰鸣呢?

为什么牛的屁对我们的星球有害？

从某些角度来说,牲畜"排出的气体"比汽车尾气更污染环境……我们在全球变暖中没有算上黄油!

反复咀嚼

嘎吱，嘎吱……吃下青草或饲料后，牛会反刍。它把粗粗咀嚼后吞下去的食物再反回到嘴里细细咀嚼好几小时，之后食物混合着唾液再次回到瘤胃中，并在细菌的作用下发酵……这个冗长的消化过程会产生一种叫作甲烷的气体，每头牛每天可以产生最多500升甲烷，并以屁或嗝的形式，被永久地排放到空气中。

在云端

与汽车尾气和工厂排出废气中的微小颗粒不同，甲烷对肺并没有什么毒性。问题是甲烷对温室效应的加剧"贡献"巨大。当它在大气中累积时，会形成阻碍地表的热量散发到太空中去的屏障，从而导致气候变暖……我们估算，一头牛一年造成的污染，差不多等于一辆汽车跑400千米造成的污染。这看上去似乎没什么，可是仅仅在法国就有800万头牛！在世界范围内，我们估计15%的温室气体是由畜牧养殖产生的。

如何应对？

在理想状况下，应该给牛提供可以帮助其减少产气的食物。根据经验，在牛饲料中加入亚麻、某些糖或者大蒜糖浆，最多可以将甲烷排放量降低30%。这已经是一个很不错的结果了。不过，我们要小心吃了大蒜的牛把嗝打到我们脸上……

的痒痒不管用？

当然，这是一个关于脑的问题！脑子为了能够保持最大的注意力，需要不停地在我们的感觉中分拣信息。

轻微的感觉

其实，确实存在一种我们自己可以挠的痒痒。这叫作"瘙痒"，是一种有东西在皮肤上轻微划过的感觉。很多生物都可以体会到这种感觉，这能让它们发现寄生虫……想要试一试，我们可以用羽毛轻轻地在胳膊上扫过，也可以用手指轻触脸颊。这种感觉麻酥酥的，但不会让人大笑。

惊慌失措

真正的"胳肢"，被称作"挠痒"，只有高等生物（比如人类）才能体会。直接挠在身体的敏感部位，比如肋下、腋下和脚心……因为不是我们所预期的，所以就产生了错乱的感觉，神经系统对此的回应为：我们笑得无法控制，我们的脸上做出非常奇怪的表情，介于快乐和痛苦之间。更糟糕的是，如果我们知道有人要挠我们痒痒，害怕会让我们不由自主地大笑，甚至在还没有被碰触到的时候。

分拣的中心

小脑，位于大脑半球后方，负责区别可控的感觉和意外的感觉。比如，如果你挠自己的头，你就不会感觉到意外，而如果其他人没打招呼就挠你，你就会跳起来！所以，如果我们试着挠自己痒痒，小脑会预告我们："不好意思，我没时间逗自己开心！我需要集中注意力警惕周围，万一真的有危险威胁你的人身安全呢？"

为什么消防车的警笛声

呜哇——呜哇——消防车越近,它的警笛声听上去越尖锐。然而,实际上警笛发出的声音都是一样的,我们的耳朵也并没有改变!其实,这很正常,这种现象可以被解释为声波的移动。

鹅卵石

声音是什么?是在空气中传播的振动。想象下,你往平静的湖面扔了颗鹅卵石:在撞击点周围,圆形的波纹向外辐射出去,令水起伏,形成有规律间隔的谷和峰。警笛的原理也是一样的:声波向外辐射振动着空气。

靠近的时候会有变化？

鸭子！

想象下，现在平静的湖面上有一只鸭子在游泳。它也会在水面上产生波纹。它向前游，前方水面的晃动会比后方更加密集。我们可以说前方的"波长"更短。消防车的警笛声也是同样的：在快速前进的同时，消防车压缩了警笛发出的在它前方的声波。这就是我们讲的"多普勒效应"，它是以在1842年发现了这个现象的奥地利学者的名字命名的。对于一个静止的观测者来说，声音变得紧促而尖锐："呜哇呜哇呜哇呜……"然后在消防车经过了之后，相反地，这个声源快速地远去，把波长拉得更长，所以声音变得低沉而缓慢："呜哇——呜哇……"

一个万用效应

很多仪器都利用了多普勒效应的原理，比如测速雷达，它向车辆发射出电波，然后分析被车辆反弹回来的电波，以此计算车辆的速度。那么，坐在消防车中的消防队员会听到什么呢？由于他们的耳朵（接收器）和警笛（发射器）是以同样的速度运动的，因此他们听到的一直都是同一种声音！或者，他们已经注意不到了，因为他们早都习惯了。

飞机为什么不用扇动翅膀就可以飞？

这个问题我们可以请教一下信天翁，它扇动一次翅膀就可以飞越上千千米。貌似最重要的是善用翅膀。不过还有引擎，它也是有帮助的。

飞翔的"鲸"

跟鸟比没什么意义：一架空中客车 A380 飞机起飞时重达 580 吨，重量相当于 3 头鲸！且不说大小，一架飞机飞行时，始终要维持多个力之间的平衡。最让人难以置信的是，维持飞机在空中飞行的多个科学条件并不是完美一致的。

正确的剖面

看看飞机机翼的切面，它的上面是鼓起来的，这并不是偶然！当飞机开始运动时，从机翼上面经过的空气被强行加速，因为相比经过飞机机翼下方的空气，机翼上方的空气需要通过更长的距离。这个速度差会把飞机往上吸。这就是伯努利定律。不过，还有"牛顿力学"——飞机的机翼将空气往下推，于是，借助反作用力，空气把机翼往上托。然后，还有"附壁效应"：沿着机翼流动的空气会改变方向……这太复杂了！不过，重要的是这些定律的组合保证了飞机的"升力"，使其得以飞翔。

大量的气体！

为了维持升力，空气需要持续通过机翼，不然飞机就会掉下来。这就是飞机上装螺旋桨或发动机的意义，它们都是为了保证必要的推力。只要倾斜机翼上的襟翼❶，就可以控制飞机上升或下降。这个工作还需要另外一个重要元素的保证——飞行员，他们都是自带翅膀的！画在他们的大盖帽上呢！

---

❶ 襟翼是机翼边缘部分的一种翼面形可动装置。——译者

为什么法国人说的冰糖马栗实际上是板栗?

法国人怎么可以在圣诞节吃马栗烧火鸡或马栗酱?马栗本身是不可食用的!这是板栗培育者的阴谋!

特别注意:每年都有中国留学生到欧美看到满大街掉落的"栗子",以为是我们平时食用的板栗,捡回家煮熟食用后发生食物中毒,殊不知这是两个完全不同的物种。——译者

不要弄混了

对于植物学家来说，区分它们太容易了：一种是印度栗树（欧洲七叶树），产出的是不可食用的马栗，只适合在秋天像打气球一样当靶子玩；另一种是欧洲栗树，产出的是香甜可口的板栗。虽说它们的果实都包裹在带刺的壳斗中这一点很相似，可是树干、叶子、花，还有芽，其他的所有部位都长得不一样。植物学家是不可能弄错的！

命名问题

在野生板栗的壳斗中，我们发现最常见的是3小块果实。很好吃是没错，但是剥起来就不那么方便了，因为有很多皮会粘在缝隙处。很久以来，培育者都在选择和改善树的品种，以得到栗子结得更大、壳斗中只有一瓣果实、更好剥壳，以及皮可以整片剥落的变种。为了和其他品种的欧洲栗区分开来，育种者给它们起了个名字——"马栗"❶！

蜜饯时刻

冰糖马栗，其实是一种大板栗。蜜饯很贵，因为它制作起来很麻烦。首先要剥壳，然后在糖浆中将其慢慢煮熟，糖浆会变得越来越浓稠，最后变成一层薄薄的冰糖包裹在板栗外边。整个过程需要很小心，不要把冰糖壳打破……再回到我们一开始的争议——板栗和"马栗"，在这点上，完全是一回事！

---

❶ 常见的栗子分为野生板栗（可食用）和马栗（不可食用）。法国人把改良后的野生板栗也称为"马栗"。但这里的"马栗"并不是真正的马栗。——译者

为什么我们不能复印欧元钞票？

确实，这样比必须努力工作才可以挣到这些票子要容易多了！不过你也可以预料到，一切阴谋都已经被预见到了，以阻止这些小滑头和大坏蛋们。

机关算尽

自从银行纸币在19世纪第一次发行以来，人们就在防范假钞。人们在纸币上印上细纹、特殊的点、金属丝线、对着光才看得到的水印……现在，这些技术已经取得了巨大的发展。一张现代钞票包含了十几种极其难以仿造的安全防伪细节：塑料的纸币、微打孔、全息技术、金属防伪线，还有荧光技术和立体结构……甚至有些"玄机"还是机密。

机器之眼

即使是一张简单的彩色复印件也还是可以糊弄几个人的,是不是?除非,根本不可能复印!如果我们把一张欧元纸币放在复印机上,复印机或者会拒绝工作,或者会复印出一张印满黑墨的纸,或者会在复印件上显示一行报警信息……这是什么魔法变的?实际上,复印机生产商会在他们的机器中嵌入一个"密探"。如果你用放大镜看一看钞票,你就会看到,比如,一些以某种顺序排列的微小的黄色或绿色的圈圈。一旦复印机的探头(或照片程序)识别出这些图案,机器马上就会发现这是一张钞票!

严重的惩罚

不管怎样,借助专业手段,有的假币还是可以做到以假乱真的地步。这是非常严重的违法行为,被认为是有罪于国家的。在法国,如果造假币者被抓获,他将有可能面临长达30年的监禁。这已经比圣路易时期轻多了,那时候铸造假币者会被挖去双眼,之后浇以沸水!

为什么我们打哈欠的时候会捂嘴，但是放屁的时候却不会捂屁股？

身体的姿态，通常是意味深长的。一个举动有时可以用来掩饰，有时也可以用来表示强调。比如，我们不小心排放出"小风"的时候，就不希望被其他人注意到。

优雅的姿态

打喷嚏或咳嗽时，你会自然而然地把手挡在嘴前边，防止飞沫喷出。如果你打哈欠的时候这么做，基本是为了避免暴露自己大张的嘴巴，同样也是不想引人注意，以防别人会认为你觉得无聊。当然了，这个举动还有可能包含一些古代的迷信成分。

古代传说

恶魔！鬼怪！妖精！不管它们叫什么，都是中世纪时期人们极其惧怕的角色。当时的大众迷信地认为它们会利用打哈欠从嘴进入人体，从而控制人的身体和灵魂！所以在那个时候，人们会在打哈欠的时候谨慎地尽量捂住嘴……这个迷信还可以跑得更偏：有一个旅行者记录道，在19世纪的西班牙，人们打过哈欠之后，还会用拇指在他们嘴上比划四次十字架，以防万一……

低调

当我们在人群中放屁时，应该怎样做呢？最好的办法是憋着：这虽然会引起痉挛，但一点都不危险。或者尽量远离人群，避免声音和气味打扰到别人。不过，坦率地讲，把手堵在屁股上完全是粗鲁的且没有任何作用的举动。就像，当我们向别人询问时间时，可以指一指自己的手腕；但当我们问别人厕所在哪里时，却不会指我们两腿之间……除非是3岁小孩！

袜子是如何被弄丢的?

这是一条世界通用的定律：我们的抽屉中，可悲地躺着一些形单影只的袜子……这是一个会发生在几乎所有人身上的事件，有多种原因！

一直都是这样

在英国的一个研究中，科研人员研究了500多个家庭，每个成员平均每年丢失15只袜子（包括暂时丢失）。但是与我们经常猜测的相反，洗衣机是不会"吞掉"袜子的：其橡胶制连接就是为了防止任何东西穿过而设计的。只可能发生的是，在洗涤过程中，一只袜子溜到别处去了，比如说被套中……不然，袜子不会凭空消失，只是它们的主人犯迷糊了！

脑袋忘在别处了

首先，还要算上我们忘在床底下的，还有房间角落的，或是掉在暖气或者烘干机后边的……必须要讲的是，面对袜子，我们的态度往往是没有条理的。比如，如果我们看到地上掉了一只，我们往往不会立刻就把它捡起来放在洗衣篮中，这样错过一波清洗的袜子就会落单。还有的时候，我们会把一双袜子配错，一下子就会出现两对单只袜子。或是在少了一只袜子后，人们不会认认真真地寻找，只会迅速地总结为袜子丢了……上边几点有没中枪的人吗？

如何解决呢？

我们可以决定一辈子只买同一图案和颜色的袜子……或者反之，下决心超级拉风地一只脚穿有条纹的袜子，一只脚穿有圆点图案的袜子。我们还可以说服自己等一等：大部分丢失的袜子终有一天会突然出现。只是很可惜，一般都是在我们丢掉另一只之后才会出现！

为什么夜里房子会发出嘎啦嘎啦的声音？

当然是因为"闹鬼"呀！证据：房子越老，我们越容易听到奇怪的声音。除非还有更合理的解释？

大盒子

一座房子是用多种材料建成的：石材、砖、混凝土，还有木材、铁、玻璃……这些材料中的大多数都对温度的变化有反应。天热的时候，它们就会膨胀，这是因为组成它们的分子会运动得更快，使得它们占的空间会变大一点点。天冷的时候，刚好相反，材料会收缩。这就是我们常说的"热胀冷缩"。

房梁之歌

对这个热胀冷缩作用最敏感的，就是木头。除了受温度影响外，它还对湿度有反应，随着湿度变大，其纤维会变得膨大。这个现象会特别出现在房屋骨架结构中昼夜温度差很大的时候。夜晚，木头的上端接触到冰冷潮湿的瓦片，同时下端靠近居住区域，温暖且干爽。于是一头收缩，另一头却膨胀。这就导致木材弯曲而发出"嘎啦"声。这一切都发生在屋顶的位置，在空旷的空间中这种声音的回声更大！

白天和黑夜

流水声、地板的嘎吱声、昆虫的活动声……房间中大部分的杂音都是白天也会出现的，但是我们却很少关注。对于这些声音也没有必要害怕，因为它们差不多都有一个合理解释。比如说，如果你半夜听到一阵阵轰鸣声把墙震得都发抖，不要惊慌：这可能只是你爸爸在打呼噜呢！

我们可以在糖浆中游泳吗?

糖浆是一种含糖量至少为 50% 的液体,因此非常厚重黏稠。如果在里边游泳,我们还可以前进吗?要想知道答案,没有比试一试更好的办法了!

可笑的想法

已经证实,在盐水中,游泳者比在淡水中移动得更快,因为盐水能让身体更好地漂浮。然而如果我们在一种更加黏稠的物质中游泳,还有办法移动吗?这是明尼苏达大学的一名大学生在 2004 年给他的化学教授爱德华·卡斯勒提出的问题。

一个果冻池

"极好的实验选题!"这位教授回答。正好,大学就有游泳池。在确认过排水管没有堵塞的风险后,他把 310 千克的瓜尔胶(一种经常用于糖和冰淇淋中的天然增稠剂)倒入了游泳池水中,3 台水泵连续运作了 36 小时,以确保其均匀混合。最终,他们得到了暗绿色黏稠的混合物,比水黏稠两倍,而且,根据教授华丽丽的记录,这种混合物看上去就像一坨"大鼻涕"……

测试时刻

谁会在里边游泳呢？16名游泳者，包括10名专业竞技选手，一圈一圈地练习，尝试了自由泳、蛙泳，还有蝶泳。秒表的裁决显示：人们在"糖浆"中和在水中游得一样快！因为随着阻力的增大，支撑力也变得更加高效。这位教授和他的团队计算得出，如果真的想要减慢速度，那么需要的黏稠度要大得多，就像蜂蜜的黏稠度一般。不过蜜蜂们并不着急想要做实验……

我们会被月亮晒伤吗？

在某些夜晚，月光亮得足以在地上照出我们的影子！那么，我们需要小心月光的照射强度吗？

反射

月亮在夜晚发光，是因为它反射了太阳的光，此时太阳正照耀着地球的另一面，那边正是白天呢！但是实际上，月亮只会反射它接收到的 7%~8% 的光线，这其实没有多少。尽管如此，还是关系到太阳光，也就是让我们在沙滩上必须搽防晒霜来自我保护的日光。

学术的计算

光的亮度是以照度测量的，照度的单位为勒克斯（lx）。月圆之夜，我们最高可以测量到 1 lx，不过更寻常的情况下，月光只有 0.2 lx。但是大晴天的太阳光可达 10^5 lx！虽然准确来讲我们计算的是光的能量，但是比例也是相同的：能够把我们晒黑的紫外线（UV）的值至少为 1。不过，月光的紫外线辐射强度只有 0.00002。你可以去药店问药剂师要这个 UV 值的"月光防晒霜"，一定会把他们笑死的！

洁白效果

很久以前，人们有时候会在夜里把床单铺在花园中，为了让月光把床单变白。实际上，这个习俗有另外的解释：土地上，在露水的作用下，可以生成微量的双氧水分子，即一种漂白剂。

为什么我们有 5 个指头，而不是 3 个或 7 个？

你知道吗？你是一个"五指人"！好吧，这个复杂的学术用词就是说你每只手都长有 5 个指头，如同地球上大部分的脊椎动物一样。

多功能

马的蹄、蝙蝠的翼、海豚的鳍，还有面包师傅的手之间有什么不同？这些都是同源器官！它们都有同样的来源，然而为了适应不同物种的需求而发生了改变。例如，马蹄的一个指头变得粗大，其他的四指消失；蝙蝠的 5 个指头都伸长而成为翅膀……

我们的鱼类祖先

一切都得从 4 亿年前一个叫作泥盆纪的时期说起。原始鱼类有着巨大的带有骨头的鳍，这是它们初级的前肢。它们有些从水里爬出来，为包括我们人类在内的大量物种的进化提供了起点。但是化石显示，最早的地球动物有 6 个、7 个，甚至 8 个指头！在老鼠身上的实验证明，从基因的角度来说，其实并不只局限于 5 个指头这一现象。但是它们只是隐藏保留了远古的多指记忆。那么为什么是 5 个呢？我们认为这是出于"自然"节约的考量：对于移动或是操作物品，5 个指头就足够了！

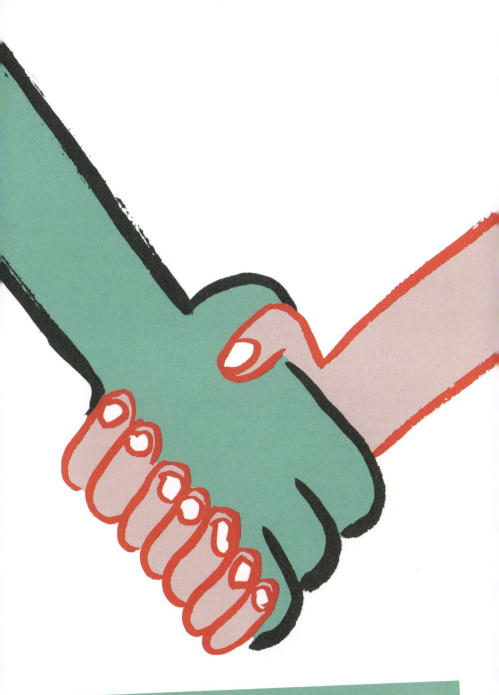

米老鼠的指头

　　为什么动画人物只有4个指头呢?因为这样方便把线画得更粗、更清晰,还可以保留真实的动作。一只有4个指头的手可以做一切有5个指头的手部动作,这样还可以为动画师省一点事。如1秒钟的动画(假设是24帧的话),就可以少画好多指头了!

猫头鹰的眼睛

看着猫头鹰萌呆的大眼睛,你是否会琢磨它的眼睛那么大,占用了太多空间,脑袋里会不会没有给脑子留太多地方呢?

大眼睛

作为夜行掠食者的猫头鹰长着两只巨大的眼睛——实际上猫头鹰的眼睛是筒状的,不能算作"眼珠子"。它们的两只眼睛大到在颅骨内几乎挨着。眼睛的形状不是球体,而且被一种叫作巩膜环的骨头牢牢固定住而无法转动。不过猫头鹰的头能够转动270°,足以弥补这个不足。朝向前方的两只大眼睛保证了猫头鹰成为夜视能力优秀的掠食者。

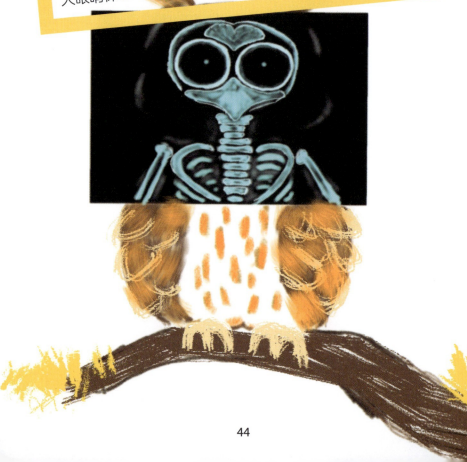

智慧的化身

在西方文化中,猫头鹰总是与智慧和思考联系在一起,我们经常可以看到戴着眼镜的智者形象的卡通猫头鹰。这种关联被认为源自古希腊,猫头鹰作为智慧女神雅典娜的象征在西方文化中流传了下来。那么猫头鹰真的很聪明吗?很遗憾,猫头鹰的智力实际上不那么优秀,甚至在鸟类中都算不上聪明,落后于鹦鹉和乌鸦这些鸟类智力翘楚,甚至还不如鸽子容易训练。

眼睛比脑大吗?

不绝对!好了,我们知道猫头鹰的眼睛很大,所以给很多人一种错觉:它们的眼睛似乎比脑子大。虽然有的种类眼睛确实比脑子大,还是有些体型较大的种类,比如雕鸮,脑子是比眼睛大的。那么有没有哪种鸟的眼睛绝对比脑子大呢?有的,就是鸵鸟!

为什么灰尘一直都有？

因为它们的产生是无止境的！在一栋房子里每年"收获"的 20 千克灰尘中，一半是从外面进来的，剩下的是屋里的居民自己制造出来的！

混乱的组合

我们在显微镜下观察灰尘，可以找到各种有机碎屑——花粉、霉菌孢子、木头或布料纤维、昆虫残骸……还有各种矿物质——土壤、石头或金属微粒……咦，什么在移动？这些是螨虫，混在毛发和死皮中。这些"小蜘蛛"不咬人，但是它们的粪便却可能导致非常严重的过敏。阿……阿……阿嚏！

大旋风

灰尘是直径小于0.5毫米的颗粒。最小的可以小于0.2毫米，它们如此之小，以至于可以在空气中飘浮：有时候，我们可以看到它们在光线下飞舞。大一些的，会落在家具和地面上。至于"毛毛"——家具底下聚集的絮状灰尘团，它们是由带静电（一种自然现象）的毛发形成的，还会吸引其他微小颗粒。过一遍吸尘器或是抹一遍地，我们在这个小小的世界中追捕这些溜得到处都是的、又脏又讨厌的灰尘。在室外，自然也会"做清洁"：风会吹走灰尘，雨会洗刷空气中和植物叶子上的灰尘。不然我们都没办法呼吸了。

生命之尘

"我们是星星的尘埃形成的。"科学家们说。因为每一天，都有差不多100吨宇宙尘埃到达地球。我们在其中可以找到有机物和水分子这两个生命的要素。实际上，有很大的可能性，我们都是在一场巨大的宇宙"除尘"中诞生的。不过，当时有什么人在抖鸡毛掸子吗？

为什么有时我们喜欢恐惧的感觉?

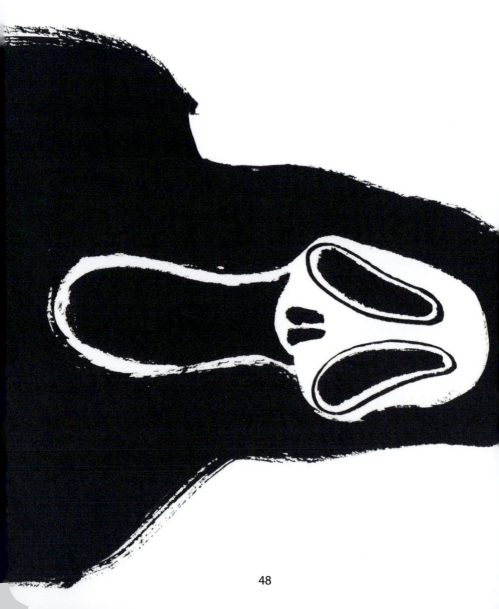

看恐怖电影，玩游乐场大转盘，化装成僵尸……我们为什么要这样对自己？因为害怕首先是一种强烈的情感，将其驯服是一件令人舒畅的事情！

超越现实

当我们受到惊吓时，我们百分百地活在当下，并且会忘记其他忧愁。心跳加速，手心出汗，口干舌燥……情况越戏剧化，我们的注意力就越集中。如此一来，如果我们在娱乐的范围内"玩弄"恐惧，就可以得到一些强烈的感官刺激。

身体兴奋剂

面对一种吓人的情况时，一些激素（化学物质）会被释放到我们的身体中。肾上腺素来激活肌肉，内啡肽来缓解紧张感，多巴胺来激励我们……这些物质可以激发我们真实的兴奋感，而与此同时，我们知道我们没有遭遇任何危险。况且，拿看恐怖电影来说，研究表明，人们相比害怕，记住更多的是战胜恐惧之后的强烈感觉！

分享情绪

凑在一起害怕，同样还是一种让朋友间更亲密的方式。一起化装成妖怪在路上晃荡，去按陌生人的门铃；肩并肩坐在一起吃着爆米花看电影，可以让我们建立强烈的情感联系和回忆。在某些心理学家看来，恐惧甚至可以增大有同样体验的两个人之间的吸引力。"握紧我的手，我害怕！"……

为什么你和宠物在一起时会变得跟"幼稚鬼"似的?

"这只乖猫猫是谁呀？""亲亲小·软软！"确实，和我们的宠物小·伙伴在一起的时候，人们有时会举止荒唐。不过那又如何？这样让人感觉很好！

全部的信任

单单在法国，我们就统计出有1200万只宠物猫和800万条宠物狗。这些主人收养它们的主要原因是什么？因为和我们喜欢的动物在一起时，我们会感觉到信任，并且会分泌催产素——一种会让人产生眷恋感、感觉舒畅的激素。

竖起的耳朵

如果我们"融化"在小猫崽或小狗崽面前，无疑是因为我们的大脑被预设为对大圆眼睛的生物无法抗拒，就像婴儿一样。不过即使它们长大了，人们还会把他们的小动物看作孩子一样。我们用简单的词语、柔和的语调和它们说话。从小动物的角度来看，它们也表现得好像我们是它们的妈妈或首领一样。它们仔细听我们讲话：比如，一条狗竖起耳朵听，可以理解300个简单的词！对于猫咪来说，这就很难精确统计了，不过它们完全可以明白语气。比如它们干坏事的时候，厉声说一个"不可以！"就足够划出底线了。

人人都有自己的位置

对着自己的动物讲话是完全正常的事情。只要避免把它们"拟人化"，给它们生搬硬套人类的想法，就行了。忘记它们是动物，让它们在关系中取得支配权，给它们穿衣服、喷香水，过度或者不当喂养，都有让它们变得焦虑、有攻击性或生病的风险。如果这么做了，我们就真的是"幼稚鬼"了！

人们是如何把牙膏做出条纹的？

不不不,牙膏在装罐之前是不带"斑马纹"的!不然根本不可能装那么多到牙膏管中,还能让它们完全不混在一起地被挤出来。肯定有一个更方便的解决方案!

小·洞洞

如果你用激光刀将牙膏管开膛破肚,你会惊奇地发现其实里边填满了白色的膏体。但是我们再往上看看会发现,机关都装在上面的管口区域。在那里,少量的彩色物质被存储在周围带着小孔的容器中。整个系统都为你挤牙膏的那个时刻做好了准备。

多种多样

开始了!挤压牙膏管的力使得白色的膏体拥挤着向外流出,同时会按压到管口储存着彩色膏体的部位,所以彩色膏体就会从小洞中有规律地溢出……在白色牙膏的侧面画出彩色的线条!小洞越多,线条就越多。在挤出的时候都是直线,想要得到旋转的线条,只需要在储存彩色膏体的部位加一条弯管就可以了。如果我们想要多种颜色,在管口储存不同颜色的膏体就可以了。

一点点历史

不过,这些彩条有什么作用吗?呃……实际上,除了美观以外,牙膏上的彩条没有任何实际意义!然而为了这个效果,却动用了很多工程师花费了很多年时间:确定牙膏的流动性、小孔的直径、最优的牙膏管,还有储存彩色牙膏的部位的形状……这个技术于20世纪50年代在美国被发明出来,老人家们认为这些条纹"赞爆了",他们年轻时都喜欢这么讲。

为什么我们不像猴子一样浑身长满毛？

实际上，除了手掌和脚掌上的皮肤，我们的身体被500万根毛发覆盖着！只不过它们大部分都太细小，我们几乎看不到。

宝贵的皮毛

哺乳动物的皮毛是保持体温用的，还可以在碰撞中保护皮肤免受划伤。通常，皮毛的颜色可以提供很好的伪装，甚至皮毛本身都可以用作可视的交流，比如当猫竖起它的毛时，就是告诉你："别靠近，我是老虎！"

留下的汗水

如果说我们是"秃猴子"，这其实是一个温度的问题！200万年以来，我们的祖先——南方古猿离开了森林去探索炎热的热带草原，他们必须发展出一个对抗高温的方式。随着一代又一代的演化，他们的体毛变得越来越细，同时汗腺（生成汗水的组织）越来越完善。结果就是：我们用出汗代替喘气降温，这更加高效。而且如果气温转冷，只需要披一张熊皮就可以了……或是一件毛衫，随你喜欢。

闻闻我！

我们的头发，用来在撞击中保护我们的头部，以及在日照下保护我们的脑……至于"大人毛"，也就是青春期在腋下、耻骨处或男性的面部长出来的毛，它们的主要作用倒不如说是引导并散发混在汗液中的信息素（一种用来撩人的化学物质）的气味，或者是排斥别人——"那个人，"人们有时说，"我没法儿闻他的味儿！"

为什么我们把圆形的比萨放在方形的盒子里?

世界上每秒钟有约 950 块比萨从烤炉里出来,每年总共有约 300 亿张比萨被吃掉。如果我们用圆盒子来装比萨,会不会节省很多材料?

简单而快速

盒子是方形的,首先是为了方便。在比萨还没烤熟的时候,你可以观察一下比萨店里储存的比萨盒子。它们都是用一张大纸板子做的,上边有划出需要折起的槽。之后,店员只需在必要的时候把它装起来就好了:简单又快速!

圆形不好使!

制造一个圆盒子,就不可能只用一张纸板。需要底下一片,上边一片,然后两条围在边上。这四个部分的组装要特殊的机器才可以,而且需要一套复杂的拼接系统才可以把板固定在一起。这表明,根本不可能直接运送摊开的盒子:需要把盒子装好了才能运输,以至于包裹会又大又轻,非常占地方,运输成本非常高。对比萨师傅来说,我的妈呀,都不知道该放在哪儿!

很多优点

就这样,你的比萨烤好了!嗯,闻着真香!把它拿回家,现在是打开盒子的时刻。得益于方形盒子牢固的边角,盒盖很容易被揭开。而且在角落还有一些空间,可以放几包辣椒油、调料包。此外,圆比萨放在方盒子中,使得取出那些切成块儿的比萨更加容易!

为什么我们用马力

近千年的时间中,我们只可以借助动物的力气来运输物品或运作机器。当新的能量形式出现时,拿动物力来做描述看上去很符合逻辑。

蒸汽机

18 世纪,人们制造了第一台以蒸汽为动力的机器。为了计算机器的功率,英国工程师詹姆斯·瓦特产生了一个将其与马力对照的想法。根据他的计算(以英国人的测量为基准),一英制马力 (hp) 相当于每秒将 55 磅❶的重量吊起至 10 英尺❷高所需的功率!

---

❶ 1 千克 = 2.2046 磅。——译者
❷ 1 英尺 = 0.3048 米。——译者

来表示汽车的功率？

公制马力 (ch) 单位功率

19世纪末，人们对早期的汽车保留了这个参照，但是改用了公制单位：1公制马力 (ch) 相当于1只动物以1米/秒的速度拉起75千克的重量所需的功率。之后，20世纪，整个欧洲都接受了由一间德国的研究所——德意志标准化学会定义的统一标准。这被称为"ch DIN"，以车轮的功率为基准。就是你的汽车尾部显示的数字，比如"TDI 110""HDI 90"等。

税务的"CV"单位

"马力税"，是为了计算登记一辆汽车需要缴纳的税。在法国，人们会考虑到功率（以 ch DIN 为单位），同样还会考虑到引擎的污染。汽车功率越大，造成的污染越大，需要交的税越高！比如，一辆雷诺的 Clio 小汽车 (68 ch DIN) 计算下来是 4 CV，与此同时，一辆布加迪威龙 (1001 ch DIN) 就有 118 CV。不过对于买豪车的人来讲，这点税不过是个零头。

为什么涂了黄油的面包片总是会黄油面着地？

我们所有人都可能在早餐中经历过这个可怕的场景……世界各地的科学家们都被这个问题所吸引。据初步观测：黄油和果酱的实验结果不会有任何不同！

接收的观点

想象一块吐司重35克。我们最初想到的是，由于黄油和果酱有重量（4~8克），二者都会增加吐司其中一面的重量，这就解释了吐司的翻转。错！如果涂得很好，黄油和果酱只会加大吐司重量，但不会造成不平衡。真相在别处……

后空翻

如果我们把一面涂了黄油的吐司扔向空中,会发生什么?意外!实践证明两面着地的次数没有区别!然而在厨房,同一个吐司几乎却都是黄油面着地……因为大多数情况下,我们坐在餐桌前的椅子上吃东西,盘子的位置大约高于地面75厘米。当吐司落下时,它会开始旋转。但是由于高度太低,它只能完成半圈。我们知道吐司在刚开始的时候一般黄油面是向上的,所以就会黄油面着地!

结论

这"倒霉"的黄油面包片落地案,原来并不是一个重量的问题,而是高度的问题!有两种解决方法可以避免这种不便:坐在和衣柜一样高的椅子上吃东西,这样面包片掉下去的时候可以有时间完成一整圈旋转;或者趴在地上吃早餐!

为什么金属比木头凉？

我们拿带木柄的菜刀举个例子。你摸一下刀把儿：是温暖的。再摸一下刀刃：是冰凉的。这是什么妖术吗？当然不是，这只是一个热量交换的问题。

温暖的手

有一个明显的事实需要注意：一间房里的所有物质都是同样的温度，比如房间温度是 20 ℃，里边无论是木头、金属、塑料、大理石，还是布料，都是 20 ℃。你的皮肤，差不多是 37 ℃。当我们触碰一个表面时，皮肤会产生冷或热的感觉。

谁传递得更好？

木头和塑料都是热的不良导体。当你触摸这些材料时，手的热能（能量的热形式）不会进到这些物质里边去：它们会停留在皮肤的表面。与其说木头和塑料让你觉得温暖，不如说实际上是你自己的热量让你有温暖的感觉。

与之相反，热能立刻就会被金属或大理石吸收，所以表面感觉上是凉的。每种材质都有自己特定的导热率，这取决于其分子排列。例如，空气的导热率是1(非常微弱)，相比之下木头是6，玻璃是40，铁是3300，而铜是16000！

一切皆有关联

这个现象在相反情况下也适用：一个导热很好的表面导冷也会很好！因此，放在铁表面的冰要比放在木板上的冰融化得更快。最后，你可以糊弄自己的大脑来作乐：把你的右手泡在热水中，同时把左手泡在冷水中，然后两只手马上触摸同一块金属。右手会感觉到冷，而左手会感觉到热！

为什么巫婆都骑扫帚？

在欧洲的传说中,魔法扫帚是巫婆的象征之一,她们骑着扫帚在空中飞行。这件物品的选择并不是偶然的,因为它象征着力量!

围猎不洁

对于古代凯尔特人和北欧人来说,扫帚不只是一个简单的工具,同样还是净化的标志,人们用它来打扫自己的家,还有宗教场所。人们怀着敬畏的心,使用某些特别的木头,如柳树、桦树、金雀花制作扫帚。指责巫婆骑着扫帚,就可以证明她们亵渎圣物:她们果然都是被恶魔控制的!

白日梦

中世纪末期，人们还置身于一个巫术"随处可见"的世界。虽然大部分人都在默默质疑，不过还是有一些人会举行秘密的巫术仪式。在仪式中，人们会吸收一些具有"魔力"的植物，比如曼德拉草或感染了真菌的麦角……为了避免吞食中毒的风险，人们将这些药物混合在油脂中，先涂抹在棍子上，之后才搽在身体皮肤比较薄的地方，比如胳膊，或大腿的内侧……同样这也再现了扫帚的象征意义，并且，由于药物产生的幻觉，人们马上就能相信他们看到别人在飞，或是自己在飞。

总是在飞！

随着时光的流逝，邪恶的巫婆形象在民间传说中变成了长着鹰钩鼻、带着弯帽子的老女人。之后，在19世纪，浪漫主义画家将女巫想象为年轻、漂亮、自由的象征。直到今天，这两种形象在电影和文学作品中还是平分秋色的。实际上，与大部分想象和魁地奇联赛相反的是，传统观念认为扫帚是头朝前飞的！

智齿这个名字是怎么来的？

这些磨牙位于颌骨的最后方，是最后才会长出来的。不过，它们实际上没什么作用，通常把它们拔除是一个非常明智的决定！

牙齿大乐透

有些人永远都不会长智齿，还有的人可能会长一颗、两颗、三颗，或者更常见的是四颗！但是通常的情况下，智齿不会在18～25岁之前从牙龈下萌出，有些智齿甚至更晚都不会。这就是为什么在古代，希腊人也这么命名它：在这个年龄，人们已经可以成熟地思考，并且变成了一个有智慧的人，或者也不全是……

远古的牙齿

这些又大又坚硬的第三磨牙是我们远古祖先——猿人留给我们的遗产。在学会生火之前，有50万年的时间，他们的饮食组成都是很难咬的食物：生肉、根、坚硬的果壳……因此，最好要有坚硬的牙齿来咀嚼这些食物！但后来，人类的下颌变得越来越窄，适应了更加柔软的食物。为了节省空间，牺牲这些牙齿是更可取的！问题是，所有的基因都没有很好地传递这个信息，还在继续让智齿生长，只不过比别的牙出得晚一些……

世界范围

智齿个太大,有的时候横着长,可能会影响相邻的牙齿,或是导致炎症。于是牙医经常会建议在 20 岁之前将其拔出。不过,牙医们都很确定,这不会让我们变得更智慧或更蠢!那么,别的地方怎么叫它们呢?韩国人称它们为"爱情齿",土耳其人叫它们"20 岁齿",不过在写诗方面还是日本人赢了,他们称其为"父母不认识之齿"……

为什么蝙蝠头朝下睡觉？

蝙蝠裹在它们像斗篷一般的深色翅膀中，白天在山洞或其他隐蔽的地方睡觉。与其说它们选择了倒着看世界，不如说它们是为了在夜幕降临时更好地起飞。

没有羽毛

蝙蝠是唯一能够飞的哺乳动物，这得益于它们有着由一层皮肤膜构成的翅膀。但是由于它们的后肢细小无力，因此从地面起飞很费劲。解决方案就是挂在高处，当需要飞的时候——起！它们折叠着翅膀，就像成熟的水果一样掉落。

倒着的身体

为了更好地栖息，蝙蝠的膝盖不是向前，而是向后折叠的。它们的悬挂系统非常完美：每根脚趾都长有一条弯曲的爪，可以紧紧勾住支架。一旦固定好了，蝙蝠只需要放松就可以了：身体的重量拉住一条筋，这条筋联动每条爪的"力学"锁定系统，不需要再收缩任何肌肉。这对于睡一个20小时的大觉或来一次长达几个月的冬眠都非常理想。

夜间飞行

头朝下会对血液循环不好吗？完全不会，因为蝙蝠的心脏靠近脑，并且有一个优秀的血液循环系统。想要获取足够的能量，只需要蚊子就可以了：在黄昏时分捕猎，一只蝙蝠一小时就可以吃掉600多只蚊子。这可比蝙蝠侠厉害多了，蝙蝠侠一部电影只能干掉一小撮坏蛋！

为什么奶是白色的?

实际上并非奶是白色的,而是光线反射的结果。再说,这也不是真正的纯白色,不过是我们眼睛看到的而已!

悬浊颗粒

奶里边有什么?首先,90%的是水,另外,在其他的成分中,还有脂肪(呈小球状,细微的小滴)和一种蛋白质,叫作酪蛋白(呈胶体颗粒状,肉眼不可见)。这些成分都不溶于水:它们悬浮在水中。

白的反光

我们知道,太阳光对我们来讲是白色的,即使它实际上是由彩虹包含的所有色光构成的。当太阳光照射水时,它可以直接穿过其中:水对我们来说是透明的。不过,当它照在奶上的时候,脂肪和酪蛋白小颗粒将光线向各个方向反射。所以奶反射了白色的光。于是对我们来讲,它就是白色的!有意思的是,脂肪颗粒反射的光线更多:奶中脂肪越多,颜色就越白。

天然色素

如果奶牛吃胡萝卜,可以产出橘色的奶吗?也不尽然。不过,多少还是有一点点影响!因为只吃青草(青草中富含一种在胡萝卜中也可以找到的色素——胡萝卜素)的奶牛,产的奶要比吃饲料和玉米的奶牛产的奶黄很多。不过,进一步讲,给奶牛吃水果,然后再摇一摇它们,就没什么用:没有奶牛可以产出草莓或香蕉奶昔!

为什么打哈欠会传染？

我们常说，一个好哈欠，要带动七个哈欠。甚至常常只要说句"啊……不好意思"，就可以掀起一片哈欠。这是魔法吗，还是有什么科学解释？

哈欠解剖

一切都是由一个感觉和张大嘴开始的。来了一个长长的吸气，紧接着一下呼吸暂停，肌肉拉伸到最大……然后一切以一个深呼气结束，甚至还可以涌出些眼泪。这全套动作有什么作用吗？我们还没有完全了解！

有什么作用？

哈欠总是在准确的时候到来，当我们累了、饿了、无聊了……这个反应更像是兴奋剂，再次集中人的注意力。我们已经知道大部分脊椎动物都会打哈欠，比如鱼类、鸟类和哺乳动物（除了长颈鹿）……不过貌似只有类人猿和人对于哈欠"传染"敏感。也许这可以远远追溯到史前，因为一起打哈欠可以激起部落成员的互助精神，以便于保持警惕并且监控洞穴的四周。

同理心

实验证明：我们和一个人（家人、朋友）越亲近，我们越容易被他传染哈欠。不过被一个完全陌生的人影响的情况也可能发生在我们身上。这来自我们的脑的某些"镜像神经元"，可以让我们站到别人的角度，比如说看到别人跌倒或受伤时苦着脸，好像我们自己也会痛似的。最后，不要忘了我们大部分人自己一个人的时候每天也会打5~10个哈欠，包括出生前，在妈妈肚子里的时候！

为什么我们在学校用格线纸写字？

"赛彦格"，是它的官方名称，为了让学生书写得更加整齐。使用它来做书写格的习俗，在法国已经延续了6代人，并且还将继续下去！

沿着线

在中世纪，僧侣们已经开始在他们的羊皮纸上画线了，之后他们会再把线擦掉。今天，有多种多样的格线纸，比如毫米纸或者五线谱纸……法国的小学生们是唯一使用赛彦格纸的群体，8毫米的大格，分成四行各2毫米高的小间。别忘了边缘还会留出空间来给老师写"还可以做得更好！"之类的评语。

上和下

赛彦格的优势在于，让我们知道在哪里画每一个字母。所有字母都以最下边一条粗线为基准，画在这条线上。之后，每个字母都有它的界限！基本字母（a, u, i, n, v, …）占线上第一间。点字母（d, t）向上至线上方第二间，同时节字母（b, f, h, k, l）爬高至第三间。最后，下降字母（g, q, y）往下画到线下方第二间。

发明者

让·亚历山大·赛彦，1855年生于巴黎，是一位在蓬图瓦兹开店的书商兼文具商。他在1892年为他设计的"赛彦格"申请了专利，之后该专利很快变成了学生练习本的"官方"格线纸。如果从你个人的角度来看，有的时候你为遵守这些规矩而痛苦不堪时，那想想你的祖先们，他们用羽毛笔，蘸着紫色的墨水写字。如果一不小心，有一坨"污渍"或一个墨点，就要重头再写一页！

为什么我们打喷嚏时会闭上眼睛？

阿——嚏！在看似普通的表面下，喷嚏可以表现得非常剧烈。闭上眼睛，只是为这个重要的器官建立一个保护。

如同风暴

在鼻子的内部布满了黏液和鼻毛，作用是为了阻挡不受欢迎的元素，比如花粉或灰尘。如果有讨厌的东西，就会发出警报！大脑会给出一个"紧急疏散"的信号。这从鼻子里强烈的刺痒感开始，接着，肺部充气，然后急剧排气清空……速度可达160~200千米/时。要是跟风速做对比的话，风速高于118千米/时的就已经是风暴了！

N 种可能

在打喷嚏的时候，眼睛会自动闭上。如果我们正在开车，那我们可什么都做不了。幸运的是这个状况只持续了不到一秒。有些人认为是为了避免眼压过高，不然有可能会让一些细小的血管爆裂，或者可能会有让眼珠子崩出来的风险！还有人认为这只是眼睛和鼻子相邻的神经一起做出的反应。这同样还可以避免鼻子和嘴喷出来的飞沫飞到眼睛里去……实际上，我们应该把喷嚏打到纸巾里，或者最差的选择可以打到手上，然后立刻洗手！

暴露状况的噪声

我们有的时候可以控制住一个喷嚏,屏住呼吸或是捏住鼻子,不过最好还是放开打出来。更常见的是,快速接连打几个大喷嚏,同时所有讨厌的东西都被喷出来。至于像"喇叭"一样嘹亮的响声,取决于每个鼻子不同的形状和每个人不同的性格:就像笑一样,可矜持,或相反,也可豪放!

为什么水是湿的?

实际上,"润湿性"对于不同表面是不一样的。比如,为什么水会从雨伞表面滑落,而如果我们忘记带伞,却会打湿我们的头发?

强大的吸引力

水分子是真正的"吸力"分子,彼此之间紧密地结合在一起,而且还很容易"粘"在大部分组成"亲水"(喜欢水的)材料的分子上,比如金属、玻璃、木头、纸张、布料……只要水滴和这些材料表面接触,就会晕开或渗到里边去:这就是水会打湿东西的由来!

滚动的水滴

如果水落在塑料或是鸭子的羽毛上呢？刚好相反：水滴会保持紧凑形状，并且像小珠子一样滚在表面上。这个世界上也存在有"疏水"（不喜欢水）的材料，这些材料的分子不会和水分子紧扣在一起。我们就是这样制造不透水面料的。更厉害的是，莲花的叶子，还有一些其他植物的表面布满了微小的圆点，阻挡水滴散开，等水汇成水流就会冲走脏东西。今天我们已经懂得利用这个原理，比如，可以用来制造自洁玻璃！

天然的保护

为什么水会弄湿我们的皮肤呢？那是因为我们"太过"干净了！我们的皮肤和头发本来应该覆盖着一层不透水的油膜，但是它被我们每天用香皂和热水洗掉了。不过不管怎么说，闻着香还是很值得的：如果下雨了，我们就可以更容易地找到人跟我们共享一把伞！

为什么昆虫会扑向亮着的灯泡？

昆虫如此微小，它们一直以来都会借助星光定位。但是自从人类发明了人造光线，它们的烦恼就开始了。

宁静的夜晚

在乡下，一个美丽漆黑的夜晚，少说也能观察到 2000 颗星星。夜行昆虫可以依靠某些明亮的星星定位，就像白天活动的昆虫根据太阳的位置定位一样。在可见的情况下，月亮同样也是首选！昆虫不会飞向月亮：它们在飞行时会将月亮定为参照点，比如说要找到一个采蜜的花田。嗞嗞嗞……在那边！

致命的吸引力

"奇怪了!"昆虫自言自语道,"又出现一颗星星!那我根据它导航吧!"实际上,昆虫并不是直接被光源吸引,而是因为新增的光源使它们偏离了原本的航线。与月亮和星星相反的是,跟着人造光源跑,最后的结果经常是撞到路灯上。它们晕头转向地围绕着灯飞舞,不知所措,直到精疲力尽,掉落在地上死亡。

光污染

夜行昆虫扮演着给植物授粉的重要角色,大自然需要它们。单单在法国,我们就知道有5200种夜行蝴蝶(也就是飞蛾),相比之下,昼行的蝴蝶只有257种。但问题是,如今我们生活的地方有成千上万盏路灯。这就是"光污染"带来的问题必须被严肃对待的原因。现在,人们过了午夜就熄灯的现象越来越常见了,让飞蛾们可以享受安宁的生活不是很好吗?

绵羊泡在热水里会缩小吗?

"下雨了,下雨了,牧羊人,把白羊赶回去",歌是这么唱的。这是为了避免绵羊像羊绒衫一样,沾了水就缩小吗?如果它们泡个热水澡,会不会是一场灾难?

像我们的头发一样

羊毛是由什么构成的？主要是角蛋白，这是一种较硬的物质，我们的头发还有指甲的95%都是由角蛋白组成的！不过每一根羊毛都覆盖着一层油脂，叫作绵羊油，可以在恶劣天气下保护这些动物的皮毛不透水。

绵羊和羊绒衫

让我们观察一下雨中的绵羊：水滴顺着卷曲的毛流下，不会透到毛的中间去。可以说，绵羊不会像海绵一样湿透，即使如此，咩！淋雨还是不舒服的。到了春天剪羊毛的时候，我们需要先清洗羊毛，以便除去味儿很重的绵羊油。之后，毛纤维被纺成毛线。然后，编织成毛衣——直到这一步，一切都还正常。不过，洗涤之后，羊绒纤维就变紧了，水越热越紧。如果毛料被搅拌摩擦得太厉害，在晾干的过程中，纤维就会在各个方向缠绕在一起，重新组成一张更浓密的网：羊绒衫缩水，变成了块毛毡子！

泡澡！

那么泡热水澡呢？如果发生了这种情况，羊毛会失去一部分绵羊油，羊绒纤维会略微纠结。但是很快就会恢复正常，因为羊绒会一直生长，所以动物本身不会比你洗澡的时候缩水更多。

岛会沉没吗?

这看上去不太可能,因为岛不是漂在水面上的!不过,如果我们把时间线放得更长些,这个问题也就不那么荒唐了。

岛屿的诞生

岛屿有两个大家族：大陆岛，连接在一块大陆上，在板块运动的时候形成，还在缓慢地运动着（靠近或远离大陆）；海洋岛，由海底深处的火山喷出的超大量的岩浆到达了海洋表面而形成。不过通常来说，岛屿不过是海底山脉的山顶而已！

漫长的侵蚀

就像陆地上的山一样，岛屿也不断地遭受侵蚀：雨水、风沙、海浪打磨岩石，碎片被水流冲到海里。渐渐地，岛就这样被一点点啃掉了。如果力一直在把岛推高，那就没事。不过如果一个板块滑到它旁边板块的下面去了，那么相连的大陆岛就有可能"沉没"，就像火山岛如果没有了火山岩浆继续堆积就会消失一样，只留下一片暗礁、一圈珊瑚礁。当然，这种"海难"有时会花掉上百万年的时间！

海平面上升

在岛屿很少升高的情况下，岛屿沉没的危机往往来自于海平面上升。这就是我们当下正在发生的，由全球变暖引起。就这样，阿拉斯加的小村庄希什马廖夫的居民，在搬迁了多次之后，终于在2016年决定放弃这个每年都在缩小，最终会因"沉没"而完结的岛。

为什么猫都害怕黄瓜?

你不相信吗？上网搜一下，你可以找到很多猫被一根黄瓜吓得跳起来的视频。难道这种蔬菜是猫在自然界中的"天敌"吗？或者还有别的解释？

笑趴下

场景差不多都一样：猫咪全神贯注地吃着它的猫粮，这时主人悄悄地在它背后放一根黄瓜。猫咪吃饱后，从容地转身，突然，嗷！它跳得老高，就像被电打了一样。然后我们听到主人的坏笑……这样的视频在网络上有成千上万的观看量！

双重效果

怎么解释猫的反应呢？首先，猫应该是吃惊：根据以往经验，它从来没见过黄瓜出现在地上，也没有看到主人把黄瓜放在地上，所以它总结出黄瓜应该是自己过来的。其次，猫会害怕：黄瓜的绿色以及长条形状很容易联想到蛇。即使一只猫从来没有见过蛇，这种形状也是和危险关联在一起的。所有这些反应都在一瞬间发生，并触发了逃跑反射："快点，我得赶紧跳到后面，保护我的脑袋和眼睛！"在逃得足够远后，猫咪会停下来分析处境。如果黄瓜一直都不动（最可能的情况），它们完全有可能再跑回来拍黄瓜几爪子；以防万一。

过分紧张

其实主要问题，就是上述过程会让猫咪紧张。你最好不要亲自尝试，或者如果你真的想录一段类似的视频，可以悄悄地把一个塑料毛蜘蛛放在你兄弟或姐妹的床上：这样就不会有人投诉你虐待动物了！

为什么愉快的时光总是那么短暂？

嘀嗒，嘀嗒……时间无疑是非常珍贵的。然而，我们的大脑却有能力用"弹性"的方式来处理时间。

日常节奏

星期一：学校。星期二：游泳池。星期三：饺子馆……我们的生活大部分是跟着惯有的作息节奏走的。而且，为了适应社会生活，大家需要同步出一个统一的时间表。但是从思维角度来讲，我们每一个人使用时间的方式都不一样：在某个瞬间，我们再现了一个美好的回忆，之后，我们才考虑一会要做的事儿……

想事儿或者放空

什么鬼！我们被困在一个无聊的处境中，比如一条长队。那么，这时如果思考我们比较想做的事情，我们就会变得不耐烦。这个时候，我们全部的意识都在"物理"时间上，这让我们觉得时间很长。但是，当我们玩的时候、跟别人聊天的时候，或者做任何让人感觉舒畅的事情时，我们根本不考虑时间的流逝。然后我们低头看表，大叫道："这么晚啦！"大脑其实特别喜欢新鲜事儿、惊喜、非预期……这就是为什么当什么都没有发生时，时间似乎特别长！

小把戏

最搞笑的是，大脑也会弄错。比如，科学家先告诉一些人他们会参加一个持续一小时的活动。对于其中某些人，在他们不知情的情况下，将他们的活动时间缩短至45~50分钟。这些人会觉得这个活动更有意思，因为时间过得实在太快了。经验：如果你不确定做数学题的时间有多长，先预设持续两个小时，然后你的大脑会感谢你的！

想要成为宇航员，必须通过很多年的训练！会游泳是不可或缺的十几个技能之一，但不全是为了在太空中"游弋"。

我有游泳池！

在训练中心，巨大的游泳池容纳了太空机器的精确仿制品。在这里，宇航员训练游泳，同时也要学习潜水。穿着太空连体服，他们重复着需要在太空中做的动作，一切都在水下评估，这是为了部分模拟缺失重力的情况。只是部分而已，因为和实际还是有巨大的区别。

漂浮不算游泳

当我们游泳时，我们以水作为依托。比如，用手向右划水，在反作用力作用下，身体会向左移动。由于水的密度问题，运动速度会减慢。但是，当我们在空间站漂浮在太空中处于失重状态时，行动效率就要低好多。总之在太空中，既没有重力也没有空气：自己控制运动的"游弋"简直不可能。只要我们朝一个方向运动，就刹不住车。所以最好是绑好安全缆绳，或是携带一个可以喷射气体的小型仪器来控制。

为最坏的情况做好准备

总之，尽管所有的预防措施都做好了，返回地球仍是一个非常关键的时刻，紧急着陆并不是绝不可能发生的。这可能发生在任何地方：沙漠里、丛林中、冰川上或海洋中央……在训练期间，欧洲太空署的宇航员们就被撂在救生艇上并"抛弃"在大海中。想去太空，这些训练都是标配！

外国人为什么按打卖鸡蛋?

一般来说，十进制计数是最方便的。不过十二进制也有它的优势，它已经被了解并使用了上千年。

超级整除

外国人常说的一打鸡蛋（或牡蛎）的说法是从中世纪传承下来的，那个时候测量系统用的都是同一个原理。1尺分成12寸，1斤分成12两……主要的优势在于12是有6个约数的最小数字：1，2，3，4，6，12。所以分配12件物品特别容易！

12和60

实际上，十二进制计数系统是已知的最古老的计数系统。苏美尔人和埃及人把一年划分为12个月，已经有6000年了。还把一天的长度分为两个12小时。我们同样还可以在60分钟上发现这个原理，在几何角度上圆被分为360度（6×60）。因为60的约数有12个（1，2，3，4，5，6，10，12，15，20，30，60），而相比之下100只有9个约数（1，2，4，5，10，20，25，50，100）。回到十二进制，如果你穿越去古罗马时期的伊泽尔省，人们会按"大包"卖饺子给你，这个古老的单位就是按照十二进制计的，1"大包"就是144个饺子！

用手指头数数

直到今天，在亚洲，还有中东的一些市场，人们还在自愿使用"打"这个单位。因为即使我们不会读也不会写，用自己的指头数数都非常容易。试试看：把手心对着你自己，只要把拇指顺着其他的四根指头的指节移动就好了：1，2，3，…，12！（每根指头三个指节，四根指头刚好12个。）我们早在会发短信之前就会灵活地使用拇指了！

天上会下青蛙雨吗？

"下雨啦，打湿啦，青蛙的节日到来啦……"歌虽然是这么唱的，但是如果风暴来临，树蛙的日子可不那么好过！

彩色雨

风常常会吹起一些小颗粒（灰尘、花粉、沙子……），有时甚至可以吹到上千千米远的地方，最终各种小颗粒混在一起沉降。法国就曾经下过富含撒哈拉的沙子的黄雨。此外，还有地方下过红雨，甚至还有混了火山灰的黑雨。

飞天鱼！

至于动物雨，我们可以找到一些古老的记录。此后，更准确的见证越来越多。比如1953年，美国的莱斯特就下过一场青蛙雨；加利福尼亚的圣克鲁斯在1961年下过一场死鸟雨；澳大利亚的一个小村庄下过一场虾雨；希腊山区下过一场小鱼雨……相似点？都是又小又轻的动物，都来自于水畔的栖息地，这些现象都是伴随着风暴而发生的。

天上的吸尘器

龙卷风，就是罪魁祸首！这些气柱混着水，形成了巨大的"漏斗"。在龙卷风内部，风速超过100千米/时，非常强劲的低压足以把靠近水面游泳的一群鱼都吸起来，或是吸干青蛙栖息的水塘，甚至把路过的鸟也都带走……它们一股脑被抬升到一定高度后，又骤然下降，有的时候高度甚至有十几千米。为了描述雨下得特别大，英国人有个说法："天上下猫下狗了。"不过幸好，这只是个修辞而已！

为什么南极比北极冷？

地球的两极一点都不像：就拿冰的体积来说，就像用一桶冰和冰山比较一样！

在北边，是海洋

北冰洋的边界就是"巨大的北方"美洲和亚欧大陆的北部边界。这里如此之冷，以至于一层冰盖——大浮冰，漂浮在海上。这个冰盖在大洋中间，也不是特别厚：地理北极点位置的冰盖厚度也不超过4米。而下面，就是深达4260千米的海水！在这个位置，冬天的气温在-45 ℃左右浮动，夏天的气温在0 ℃左右，太阳照暖了海面，融化了部分浮冰……有记载的最低气温是-67.8 ℃，在奥伊米亚康，西伯利亚的一个只有500个居民的小城市。

在南边，是陆地

南极洲的面积比欧洲的40%都大，是由一片岩石组成的陆地。如果只算光秃秃的岩石，南极洲海拔不超过200米。只是南极洲大陆上面累积了高达2.7千米的冰层！地理南极点坐落在海拔2835米的高原上。在这里，气温在-60～-30 ℃范围浮动：没有人能在这样的条件下生存，除了28个国家70多个极地科考站的"居民"们。在俄罗斯的沃斯托克基地，有记载的最低气温是-89.2 ℃！要想比较的话，中国的最低气温记录是-52.3 ℃，在黑龙江省的漠河。

鱼会喝水吗？

这完全取决于它们的生存环境。因为咸水和淡水会带来完全不同的结果：有些鱼一直都得喝水，而有些鱼从不喝水！

呼吸水

卟噜！卟噜！如果一条鱼不停地张嘴，则是为了吞下水。不过水在这里只是路过一下，马上就会流向位于头后部的鳃，在那里水会循环通过鳃瓣——这个细小的血管网络（红色的部分）在水被排出之前，负责吸收溶解在水里的氧气。然后，继续卟噜！

渗透作用

鱼在水中生活，它的身体含有水……所以全都泡在水里？不全对，因为渗透现象让事情变得复杂。其原理是，如果咸水和淡水之间只隔着一层可以允许部分分子通过的膜（皮肤），淡水就会被"拉"向咸水那边。对鱼来讲，这是个致命的问题：它必须平衡身体和外部环境之间的"压力"。就这样，海鱼需要不停地喝水，平衡盐分，以便不脱水；而对淡水鱼来说，它们的血液比外界不断进入它们身体的水的盐分更高，如果它们喝水的话，就会胀爆！

特例

鲨鱼和鳐鱼从来都不需要喝水，因为它们可以通过提高尿液中一种由肝脏产生的盐的浓度来平衡体内的渗透压。那么三文鱼、鳗鱼这类会从淡水游到海水中的迁徙鱼类怎么办呢？它们可以改变机能，根据情况来决定何时不喝，何时放开喝。

狗会看电视吗?

有时候,狗狗们会靠着主人在沙发上打盹儿。不过它们真的会看电视吗?还有它们最喜欢什么节目呢?

一个真正的进步

狗眼能感受到的色域和人眼不同,主色为棕色、蓝色和黄色。这些"猎手们"相对来说比我们看得更"快"。它们每秒钟可以感受到多达 70 帧图像,相对来说,从 25 帧起人类就认为看到的是连贯流畅的动作了。然而,一般的电视节目,每秒钟过 50 帧图像:对狗来说,电视图像是不连贯的。结论:理论上来说,狗可以享受到的电视屏幕必须是"高清晰度"的,每秒需要 100~200 帧画面!

它们所喜欢的

有不少针对狗和电视的研究。我们知道狗每天平均待在电视前边大约 50 分钟，然而它们的注意力只能保持不过几分钟，而且它们更喜欢有其他狗的影片。它们也喜欢听其他狗叫，人的声音也不错，或是玩具发出的嘎吱声也行。其实，它们喜欢和它们的生活相似的东西，就像真人秀一样！自 2012 年起，美国人开设了一个专门面向狗的频道——"狗 TV"，今天在不少国家都能收看到。

一切为了狗狗！

在"狗 TV"频道里，一切都是为了当主人不在家时，娱乐独自在家的狗。有休闲时段，播放安抚的图像和声音；也有动作时段，播放移动的物品；甚至还有教育节目，为了让狗养成习惯，比如播放吸尘器的噪声。不过最令人震惊的是，相当一部分演员都不是狗，甚至都没有装扮成狗！

当我们闻到气味时，是什么进入了鼻子？

当我们闻到了什么气味的时候，其实是有一点点东西进入了我们的鼻子的。或者准确来讲，是这种物质的一小部分分子，以气体的状态进来的。然后我们的嗅觉系统会分析它们："真香！"或"好臭！"

化学语言

一种气味不是完全独立存在的：比如，花朵或烂鱼只是向空气中散发了某些结构的分子，本身并不会被感知到。不过这一切都是从气味分子进入了鼻子并接触到嗅觉器官开始的。

气味库

用我们的鼻子举个例子：一旦吸入，这些气味分子就会被吸引到一层覆盖有裹着鼻涕的鼻毛的细小的膜上。这些接收器展开后有 4 平方厘米，但是含有上千万个分化的嗅觉细胞！只要这些气味分子和接收器接触，细胞就会给位于大脑的嗅球发送信号："喂，你认识这个味道吗？"如此，我们可以分辨至少 300000 种不同的气味。只要遇到一种未知气味，大脑就会给它建立一个新样本，把它和相似的气体进行分类。

感觉和反应

一旦气味分析完成，我们可能会露出微笑或做个鬼脸！因为嗅觉的主要功能，是给我们指出这个东西可以吃还是有毒，好吃还是难吃……其他清新的气味，也让我们觉得非常舒服：我们更倾向于叫它们芳香。还有，一种气味可以"保存"一个记忆：比如，我们一辈子都能回想起奶奶做的点心的味道！那我们还等什么，赶紧发明气味储存机呀！

为什么屎闻起来是臭的？

一切皆有关联：如果对于苍蝇来说，一坨大便的味道是香甜可口的，那么它们当然会毫不犹豫地围着平均每年造粪 55 千克的我们转了！

消化

餐后，磨碎的食物进入胃，和消化液混合在一起，形成了一种糊状物。这些糊状物随后进入长达 6 米的小肠，在那里，数十亿细菌组成的肠道菌群开始了工作。这些微生物逐渐分解食物残渣，营养物质被小肠壁吸收。

转化

就是这些细菌给粪便带来了气味。由于在消化过程中，细菌将一些气味很恶心的物质，比如氨、吲哚（即粪臭素，3－甲基吲哚）加入其中……所有还没有被消化的物质从小肠出来后，进入大肠。这就是屎的雏形，在这一阶段还是液态的，同时其发酵会产生气体，这让我们平均每天放 7 个屁，公主也不例外！

排泄

只有约 1.6 米的结肠，主要作用是吸收粪便中剩余的水分，以避免身体脱水。变成软软的一坨后，在被从肛门排出之前，屎来到了直肠。那么实际上，屎里边都有什么呢？一般来说是 75% 的水和 25% 的废物——食物残渣、死亡的细菌、消化道细胞，别忘了还有胆汁酸盐。就是它们让大便的颜色呈棕色，这是一个身体好的信号！

炸鸡块
里边有鸡吗？

　　金灿灿且嘎嘣脆，这个小吃给人想要咬一口的欲望。很正常，这就是它们受欢迎的原因。不过鸡块对应的究竟是鸡身上的什么位置呢？

小·革命

20世纪60年代，美国的畜牧养殖者心灰意冷：因为给鸡脱毛去皮太麻烦而且切起来太费劲，所以他们卖掉的不够多。于是一位叫罗伯特·C.贝克的大学教授和他的学生们一起，钻研开发肉制品新的消费模式，比如把肉搅成肉馅制成蘸了面包屑的条。于是便开启了"变形鸡"的工业时代！

神奇绞肉机

最早的想法只是简简单单地加入盐、醋、一撮奶粉以及谷物粉来让肉馅更好地粘住面包屑。不过渐渐地，情况发生了变化。很难见到一个鸡块含有超过60%的鸡肉了。即使高质量的品牌也不只使用鸡柳，有可能整只鸡都被使用，鸡皮、筋、骨头，甚至鸡爪子[1]！

当这些东西混在一起被绞得很细小的时候，人们会加入食用油来增大体积，加入磷酸盐保证烹饪后的重量，加入糖保证烹饪后的外观，加入胶质使其增厚，当然还有一些人造香料，比如烤鸡粉！听起来不太能勾起食欲，不是吗？

快速做法

或者你可以试一试这种做法：将去骨鸡肉切成小块，滚上面粉、调料的混合物，然后放入打匀的鸡蛋中，在入油锅煎炸之前，先裹好面包屑。如果这样你都觉得不好吃，那就是你的遗憾了！

---

[1] 这里对外国人是一个很大的冲击，他们觉得鸡爪子很恶心，而中国人民表示毫无压力。——译者

为什么飞机上没有降落伞？

汽车都装配有安全气囊，船上都有救生衣，那么飞机上……也是救生衣。这是一个错误吗？当然不是，因为降落伞实际上并没有任何作用！

爱好者

想要跳伞，如果我们不是空降兵的话，飞机不可以飞得太快（最多200千米/时），也不可以太高（理想高度4000米）。而且舱门还可以打开，必须位于飞机的后方或侧方，还得离机翼足够远。最后一个小细节，你还必须有足够的胆量跳下去！

不可能的任务

在客机里，多至800个人共享一个增压客舱。飞机在12000米的高度以1000千米/时的速度移动。飞机内外的压力差导致根本不可能打开舱门。幸好是这样，不然所有人都会"嗖"地一下子被吸到机舱外边去，那里的温度可是-60℃！在此之前，每一个人都必须得有序且冷静地先穿戴好降落伞包、连体服，还有氧气面罩，但凡有一个脆弱的人崩溃了，整架飞机都会被置于险境。在某些情况下跳伞是完全可行的……那就是在电影里。因为在现实中，机舱内恐怕应该是充满了恐慌、尖叫和推搡！

别害怕!

　　还有更容易的方法：把信任交给飞行员。在紧急情况下，他们试着保持飞机水平而平稳地降落（在只有一个引擎工作时，或是滑行状态下，飞行员也有能力驾驶飞机飞行）。然后乘客们可以借助滑梯逃生，如果飞机迫降在水上，乘客们需要穿着救生衣。好消息，重大飞行事故的发生率是一百二十万分之一，所以飞机是所有交通工具中最安全的。那么，这样是不是放心了？

打开冰箱的门可以给整个房间降温吗?

三伏天，我们超爱打开冰箱门时感到的那一阵凉爽。不过最好还是赶紧把门关上，因为这不是长久之计。

相反的效果

如果我们开着冰箱门，产生的效果是完全和预期相反的：房间的温度会升高，因为机器的电机会满负荷运转。原理有些难以想象，不过实际上，冰箱并不能凭空制造冷：它的作用只是把里边的热量"泵"到外边去。

无尽的循环

冰箱的工作原理是将一种流体在管中循环，不停地让其在气态和液态之间转换。竖起耳朵听，我们会听到机器背后发出有规律的低沉的轰鸣声。这是压缩机在工作，它一旦被填满炙热的气体就启动。气体会被压缩，然后进入一个漆黑的大管子里，这就是冷凝器，同样位于冰箱的外部。在那里，气体释放出很多热量，变成非常冷的液体。于是这些液体被再次送回到冰箱内部。气体会在细小的管子，也就是蒸发器里边循环。在经过的路径上，吸收冰箱里的热量，又变回到炙热的气态回到压缩机中，循环往复。

那么空调呢？

实际上，冰箱不过是把从里边吸取的热量释放到冰箱背面去。这就是为什么空调的压缩机和冷凝器总是在建筑外边的原因了，工作原理其实都一样，就是把它们从内部泵出的热量都丢到外边去。在空调房内，我们有点像在一个巨大的冰箱里一样。不过，还好没有人像在冰箱里找吃的一样想要吃掉我们！

地球上有多少粒沙子？

1，2，3，4，…要准确地回答这个问题，那可是非常困难又很花时间的。不过我们可以估算一个数量级，直接给大家带来一个令人晕头转向的答案！

几乎看不到

那么准确地讲，一粒沙子究竟是什么？一粒沙子是一个矿物小颗粒，通常来自被水和风侵蚀的大块岩石。比如海沙，可含有180种不同的矿物质，主要是石英和云母，还有一些贝壳的残片。沙粒大小在0.06～2毫米之间：超过了的是沙砾，更细小的是泥土。

零之舞会

想要估算地球上沙子的数量，不少方法都可行。我们可以认为沙子是地壳体积的1%，或是总沉积岩（风或水流侵蚀作用的岩石颗粒的沉积物）的25%。我们还可以用边长来计算沙漠的表面积……每个方法，我们都得出一个基本相似的数字，在10^{23}左右，也就是1后边有23个零。你想亲自数数确认一下吗？或者你选择相信科学？

一切皆有关联！

如果我们想要对比宇宙中的星星的数量呢？我们居住的星系——银河系，包含2000亿～3000亿颗恒星，已经不少了。我们现在估计有1000亿～3000亿个星系。如果把数乘起来，就等于……地球的沙子总数！这些数字让你晕了吧？来，喝杯水压压惊。其实，你知道这个杯子里水分子的数目差不多是我们星球上沙子总数的10倍吗？

为什么人们画眼妆的时候张着嘴？

这虽不是必然的，但可以说基本上都是！10个女人里有7个在镜子前面刷睫毛膏或擦眼影的时候都有这个反应。这至少有两个原因。

最大的注意力

用睫毛膏里小小的刷头刷睫毛，是一个非常细致的动作，需要注意力很集中。然而，当我们聚焦在一个非常精细的动作上时，颈部肌肉会放松，嘴就会张开。这是一个无意识的反射，孩子在画画的时候伸舌头，我们思考的时候皱眉头，也都是一回事！

锁住眼皮

当我们张开嘴时，特别是把嘴张大成"O"形时，另一个反射会暂停。这就是"眨眼"反射，我们的眼皮平均每4秒会迅速合上打开。这个动作持续时间为十分之一秒，以便湿润眼球，并且像雨刷一样清洁眼球表面。很明显，这对正在画眼妆的人来说非常讨厌！不过张开嘴，中止眨眼就变得容易多了，或者说至少更好控制了。至于男人，没资格嘲笑女人：刮胡子的时候，100%会鼓起腮帮子或做鬼脸！

为什么晚上关灯后我们看到的世界是黑白的?

夜里,你关灯准备睡觉,可是原本彩色的世界突然变灰了。这有什么科学解释吗?

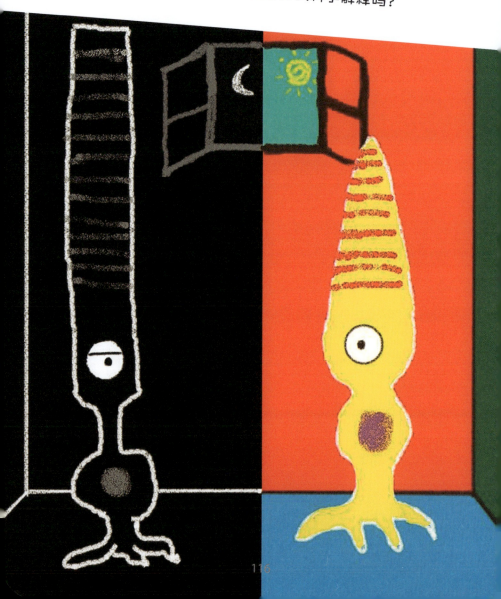

感知色彩

在光线充足的情况下,我们有着多彩而清晰的视觉。这得益于我们眼睛里的一种感光细胞——视锥细胞。视锥细胞分三种,可分别接受在可见光范围内的不同波段的色光。除此之外,视锥细胞还可以感知更加清晰的细节,并且更快地捕捉移动画面。不过这套"高质量"的视觉系统对光线的强度有苛刻的要求,当光线暗到一定程度时,我们的色彩视觉系统就无法正常工作了。

糟糕的夜视

可是夜晚我们也没有瞎呀!那是因为幸好我们还有另外一种感光细胞——视杆细胞。相比视锥细胞,视杆细胞对光线的敏感度很高,是前者的100倍,单单一个光子就可以激活它。然而视杆细胞只有一种,没有办法分辨色彩。而且它的反应速度很慢,所以让我们看得很模糊。这就解释了为什么人类的夜视这么差,而且还是灰蒙蒙的。

单色,双色,三色,四色

三种视锥细胞保证了人类的三色视觉系统;除此之外还有一些灵长类也有三色视觉;大部分哺乳动物(如猫、狗)都有双色视觉;另外海狮、海豹这类动物只有单色视觉,也就是说它们看到的画面完全是黑白的。那么有没有四色视觉系统呢?答案是肯定的,一些鸟和鱼的眼睛里有四种视锥细胞,比人类多一种就可以看到紫外线波段哦!

为什么兔子会吃屎？

呃……好恶心！你的兔子正在享受它刚刚拉的软屎蛋！放心，它没有发疯：对兔子来说，这是一种不可或缺的享受均衡饮食的方式。

快速穿肠而过

在自然界中,兔子会吃大量的青草和叶子,这是一个富含纤维且低热量的饮食习惯。大纤维除了穿过肠道以外没什么别的作用,然后就以坚硬干燥的屎蛋形式排出体外。一只兔子平均每天可以排出 360 颗屎蛋!这只是食物通过消化道的机能在运作,但是并不会带给兔子营养。

秘密的口袋

幸好,这种动物还有一个为获取营养而运作的消化系统。大纤维被排出,其他的营养元素还留在肠道尾端,并且进入一个被叫作"盲肠"的囊里。在那里,细菌会发酵这些混合物,把它们变成真正的浓缩维生素。不过,倒霉!太晚啦:兔子已经把它从肛门拉出去了,形成一串又软又芬芳、裹着晶莹剔透黏液的……屎蛋。

第二趟

赶紧,兔子把嘴藏到它的两条后腿中间,吃下这些粪便,就像我们嚼口香糖一样……黏液膜保护里边的营养在进入肠道被吸收之前,在胃里不被胃酸分解。兔子就是这样自制营养丰富的食物的!这也是为什么不要给"兔兔"喂太多兔粮的原因。请优先给它草料或青草,或者如果它乖的话,给它根胡萝卜吧!

舌头为什么会粘在冰块上？

你太热了，所以特别想舔一口刚从冰箱里拿出来的冰棒。哎哟！你的舌头好像被上千个小钩子钩住不放似的！全是你的口水惹的祸。

快速凝结

到底发生了什么？你把你温热的舌头贴在了特别冷的冰块上（冰块刚从冰箱里拿出来时是 -18 ℃左右），使得冰块表面融化出了一层薄薄的水膜。这些水很快就和你的口水混合在一起，并且渗入味蕾——布满舌头的微小凸起中。然后，在冰块的作用下，水立刻又结成了冰。

金属也一样！

同样，当户外的气候非常寒冷时，最好不要舔户外的金属栏杆或金属的其他东西！因为这时金属的表面都覆盖着霜——来自潮湿空气的水固化成的一层冰膜。当舌头挨到金属时，会发生和碰到冰块时一样的现象：冰膜融化成水，和口水混合，然后结冰。别笑，真的出现过消防员被呼叫去"分离舌头"的情况！

那么如何分离呢？

如果是冰块，就不用打报警电话了。但是千万别干扯舌头：这会撕下来一层表皮，特别疼！你可以等一等，舌头的温度最终会把冰融化。不过最快最容易的办法是往舌头上浇一些温水（注意不是开水！），这样可以把你的舌头从冰块中解放出来，你就能重新讲话了，比如可以讲述一下刚刚发生的不幸遭遇！

在故事、电影或电玩中,龙无处不在。它们就像虚构的生物一样一直存在着。可能人们内心深处都喜欢这样吧!

为什么世界上没有龙?

上千种龙

龙以多种多样的形式，充斥在希腊、凯尔特、北欧和亚洲的神话中。它可以是超级巨大的飞天蜥蜴，或者是七头鳄鱼。它也可以是吉祥的，比如在中国，龙可以吐出水来灌溉稻米。或者如同欧洲中世纪的传说般邪恶，让整个地区都笼罩在恐惧中，这样就可以娶国王的女儿了！

化石和赝品

有些传说很有可能诞生于相当真实的发现，可人们什么都忽略了，包括恐龙骨架化石。在 16 世纪的欧洲，人们迷恋龙的故事，这给了海员们灵感，他们在港口贩卖"龙宝宝"：其实他们捕捉的是栖息在亚洲丛林中的蜥蜴。还有人断言在印度尼西亚目击了真正的龙：实际上，是 3 米长的科摩多巨蜥。

喷火的问题

那么，爬行动物可以喷火吗？毕竟有些昆虫，比如说鞘翅目的放屁虫，是能够对天敌喷射出 100 ℃左右的腐蚀性气体的。不过即使大自然发明了这样一种物理方式来造火，但保持火种却完全是另一回事儿了！持续的高温会摧毁龙的生理组织，更不用说对环境的危害了："不好意思亲爱的，我又把我们的巢和里边所有的蛋都烧掉了！"

为什么大海不总是蓝色的?

把水捧在你的手心里，水是透明的。可是，为什么大海大部分时候是蓝色的，但有时却是绿色、灰色或是棕色的呢？其实呢，这有很多种原因。

深蓝色

让我们先来看一个错误的观点：海是因为反射了蓝色的天空才是蓝色的。不对！证据呢？如果我们照亮一个地下湖，湖水也会显现出蓝色！解释呢？因为白光实际上包含了彩虹所有颜色的光。不过，这些不同颜色的光被水吸收的快慢不一。在10米左右，红色消失了，之后是黄色在20米处，绿色在60米处……从90米处开始，就只剩下蓝色了。如果说深水看上去是蓝色的，那是由于这个光学现象导致的。

光线游戏

那么天空呢，对海的颜色完全没有任何影响吗？当然有！这取决于季节、天气，以及一天中不同的时刻，大气层对太阳光的过滤，这些条件的不同使得照在水面上的光发生了变化。比如，在狂风暴雨的天气下，大海是灰色的，而在晴朗的日落时分，大海会因反射红光而被装点成红色。

无数的小颗粒

还有一个重要元素是水自身的组成成分。靠近火山口的河流，河水有可能充满了沉积物、岩石和泥土的碎片，而呈现棕色或黄色。此外，浮游生物的存在也可以把水染成绿色或红色。在寒带海洋中，富含浮游生物，海洋的颜色是深蓝色的，与热带海洋的蔚蓝色完全不同，这种颜色可是梦想中假期的颜色！

为什么法语语法中 阳性比阴性优先？[1]

"很简单，"路易十四时期的语法专家言之凿凿，"因为男性自然而然在女性之上！"不过，有没有一个稍微靠谱一点，而且不那么性别歧视的解释？

---

[1] 在法语的语法中，名词有阴阳性之分，比如钢笔是阳性名词，桌子是阴性名词。形容词必须和它所修饰的名称的阴阳性以及数量保持一致，修饰阳性名词使用形容词原形，修饰阴性名词需要在形容词尾加"e"；在阴阳性变化的基础上，修饰复数名词还要在形容词尾加"s"。这就是法语语法所说的"性数一致"。——译者

一个新规则

古时候,希腊语和拉丁语,人们使用的都是就近标准。形容词的性数配合是参照最近一个名词来的:"男孩和女孩们都很和善"❶。中世纪时期,在法国也适用于同样的规则。尽管法兰西学术院(建立于1635年)推行了新的规则,但就近标准仍然在被继续使用,直到19世纪中叶,学校强制规定以阳性名词❷为主导。

应用

阳性还是阴性,名词的性别有时完全是随机分配的。没有人能解释为什么林荫大道是阳性的而大街是阴性的,长笛是阴性的而鼓是阳性的……只是习惯而已,没有任何意义。其实,很多语言学家(常常是男性)认为,性数一致问题一点都不重要。人们更喜欢阳性主导,只是为了省事儿。然而,有的时候就会导致奇怪的结果——"男孩和女孩们都很帅气",感觉不太协调!

活着的语言

也有很多语言学家(常常是女性)质疑,为什么不回到就近规则呢?20年来,人们以前嘲笑的新词"女教授""女外科医生"开始被频繁使用。但是法兰西学术院(到1980年才接受了第一位女性!)不同意。实际上,我们可以放松规则:在魁北克,阳性优先也在使用,但是就近规则也被接受。毕竟,语言其实一直都是随着使用者而演化的。因为除了和善和帅气,男孩和女孩们还都很聪明❸呀!

---

❶ 这里"和善"这个形容词尾会随着最近的名词"女孩",在词尾加"es"。——译者

❷ 在"男孩和女孩们都很和善"这个例句中,"和善"与其中的阳性名词配合,只需在词尾加"s"。——译者

❸ 这里作者刻意将"聪明"和就近的"女孩"做了性数配合。——译者

爱之舞

这个噪声来自哪里？来自蚊子快速扇动翅膀的振动，每秒400~2300下。雌性用这个信号来吸引周围的雄性。一旦配对成功，年轻的情侣立刻会一起舞动来配合出一个一致的翅膀振动频率，然后交尾，接着雄性再返回花丛中悠闲地休息。好可爱，不是吗？但别忘了，雌性此时正需要一顿真正的大餐才能让肚子里的200个卵发育。而它需要——血！

小吸血鬼"德古拉"

为了解渴，蚊子太太使用了非常诡异的"针"——口器。它一旦降落在受害者身上，就会将这根"针"刺进皮肤，一直到达细小的血管。同时，它会注射一种麻醉物质（让我们什么都感觉不到）和一种抗凝血物质（让血液保持流动）。如果它的用餐过程被打断了，没关系，它之后还可以再叮好几个不同的猎物，直到吸够5毫克的血，这是它自重的两倍。

公共危害

与其说我们畏惧"嗡嗡"声，不如说我们害怕被叮，因为抗凝血物质会导致过敏，给我们带来红肿和痛苦。蚊子还会传播一些严重的疾病，比如疟疾、黄热病、登革热、寨卡病毒……每年在热带国家，蚊子都是导致200万人丧生的元凶：它们是迄今为止世界上最危险的动物！

为什么蚊子发出的"嗡嗡"声让我们如此恼火?

听到蚊子发出的嗡鸣声在我们耳朵周围响起时,我们会特别想干掉它们,而且这非常有道理!

为什么我们的脚有时很臭？

在一天结束的时候，当你脱下时髦的袜子时，脚会立刻散发出一股可怕的味道。不过，为什么会让人想到奶酪呢？

又热又潮

啪嗒，啪嗒……我们每天平均走6000步，而我们的脚功不可没！所以，脚部的皮肤是身体最厚且更新最频繁的。脚上还有大量的汗腺，其作用是分泌汗液。由于我们的脚常常是封闭在鞋子和袜子里的，因此细菌滋生的所有条件(温度、湿度和阴暗)都具备了。

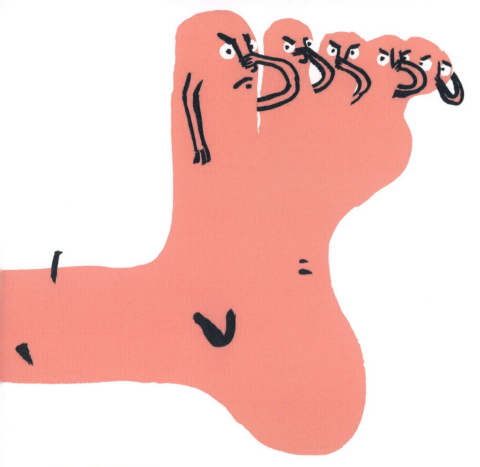

细菌盛筵

汗本身包含 99% 的水和盐,但是并不难闻。问题是里边大量繁殖的细菌。这些呈杆状的微小生物,以汗液和死皮为食。它们会释放一些带有异味的气态化学物质。实际上,在我们的脚上生活的最主要的菌群,叫作短杆菌,和在硬质奶酪中繁殖的细菌是同一种,比如马瑞里斯奶酪和芒斯特奶酪。祝你有个好胃口!

怎么解决?

这个世界有时是不公平的,比如有些人的脚出汗比别人多。不过对所有人来讲,都需要尽量让脚多透气,只穿棉袜子,尽量穿皮鞋(绝对不要连续两天都穿一双鞋)。别忘了每次洗澡的时候,都要彻底擦洗去除死皮,然后好好地晾干,特别是脚趾缝:不要对细菌有任何怜悯之心!

这是由于它的形状还有速度。这两个原因相结合，可以让回旋镖飞出各种图形……前提是扔的人要够高！

恰到好处的剖面

回旋镖的叶片和机翼的形状一样：上表面比下表面更突出。这就导致空气从隆起的表面经过时，有更多的路要走，使得上边的空气流动得更快。就是这个速度差让飞机得以升空，我们将其称为"升力现象"。回旋镖被丢出去的时候是竖直的，于是升力不再向上作用，而是向侧方作用。比如右手丢出的回旋镖会向左飞。

为什么回旋镖总会飞回来？

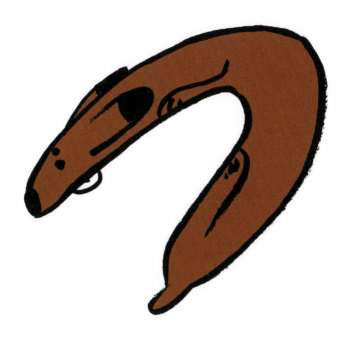

陀螺仪

除了形状外,回旋镖制作的另一个依据是陀螺仪。扔回旋镖和我们转陀螺完全是同一个原理。简单点说,就是高速自转的物体是稳定的。如此,在被丢出去之后,回旋镖不会掉向地面,而是沿着它抛出去的曲线轨道(因机翼剖面形状而产生的)飞行,这样可以让它返回出发点。扔回旋镖的艺术在于如何均衡力度,来使它形成一条完美的曲线。

全速飙升

已知的最古老的"飞棍",大约制作于25000年前,是在波兰被考古学家发现的,不过回旋镖在澳大利亚被使用的时间最长。今天,回旋镖已经成为一种吸引了众多爱好者在各类竞技中比赛的运动,比如谁能飞得最远还能回到原点。当前的记录是1分44秒。做好迎接挑战的准备了吗?

为什么我们不用老鼠肉给猫做食物？

在自然界，啮齿类是猫科的首选美食。不过在家，猫咪的性格改变了，食谱也变了！

一爪毙命

猫、老鼠和人类共享了很长一段历史。古时候，为了他们的谷仓不受啮齿类的侵害，古希腊人喜欢养雪貂和黄鼠狼，而埃及人和罗马人则最早驯养了猫。因为这种"小老虎"可以听到好几米远处老鼠窸窸窣窣的碎步，并且一下就能捉住老鼠的成功率是50%。

均衡大餐

咯吱！猫用强壮的下颚将肉撕成小块，不咀嚼就吞下。其实，老鼠的成分是什么呢？水：70%；蛋白质：14%；脂类：10%；碳水化合物：1%；矿物盐：1%。放在一起，就组成了完美的一餐，没什么可以妨碍我们用老鼠肉代替鱼肉给猫制作罐头和猫粮啊。实际上猫爱死老鼠肉了……唯一的遗憾是它们没有亲自捕猎！

儿童餐

对于我们当中很多人来说，猫不仅仅是家养动物，它经常还被认为是家庭的一分子，一个长不大的孩子。那么谁想给自家孩子喂老鼠吃呢？人们做过相关研究：这样的食物卖不掉！埃及的猫的运气好，它们死掉了以后，人们埋葬它们的尸体时会在旁边陪葬老鼠木乃伊，以便它们在往生世界吃！

只有没养过鸡的人才会认为鸡不会飞。事实上，鸡在必要的情况下可以很容易地飞离地面。对于以为它们很好抓的猎食者来说，可惜了！

家谱

野生鸡类——原鸡，跟珍珠鸡、火鸡、野鸡、孔雀一样都属于鸟纲中的鸡形目。妥妥的全都是鸟类，有翅膀，有羽毛，骨头轻……飞翔必需的条件都具备！然而，这些品种的"走地鸡"的生活方式都是在地上跑。哒哒哒……鸡拖着肥胖的身躯，在地上闲适地散步，不时用厚厚的喙啄东西吃。

为什么鸡有翅膀但不会飞？

跳、飞

鸡形目的动物只有在遇到危险或跳跃障碍（比如篱笆或沟渠）时才会扇动翅膀。当然，一点都不像猛禽飞得那么威严！事实上，它们最多只能飞几米远，持续十来秒的时间。如此，即使家鸡是一个双爪（各长了三个趾）着地的跑步能手，它在需要跳出笼子或跳到树上睡觉时，也是可以拍拍翅膀的。

一剪刀

以上这些特性，对于养殖者来说，无疑是很麻烦的事情，于是他们就想出了一个对策。实际上，在这个星球定居的520亿只鸡中的绝大多数不能飞。这意味着它们的两侧翅膀的那些最长的羽毛被剪掉了，这样鸡不会疼（羽毛就和我们的指甲一样，没有神经），只是可能永远都跳不到牛背上了！

为什么
有的时候

如果人们喜欢气泡在舌头上爆开的口感,就会买气泡水喝……那么为什么在普通的水里,经常也会出现小·泡泡呢?

加 压

你发现了吗?气泡水是装在厚瓶子里卖的,这样做是为了能够很好地抗压。因为在液体内部溶解了很多二氧化碳气体。水被密封在瓶子里,什么都不会发生。不过当你打开瓶子时,噗嗤,二氧化碳气体就被释放出来,在水里形成了大量气泡。不过实际上,二氧化碳不是水中唯一的气体:水里还溶解有其他的气体,特别是氧气,可以让水里的鱼呼吸。

水里会有气泡？

小实验

让我们来接一杯自来水。只要把水倒在杯子里放置一段时间即可。一小时后，杯壁上会挂满气泡。很正常！因为自来水被作为生活用水处理，含有更多氧气。而且，当从水管中出来时，水还是凉的。然而，当水温升高时，溶解氧的能力却降低了。所以这些小气泡是从水里逃出来的氧气！

蒸汽泡泡

如果我们继续加热，比如在汤锅里，水会继续放出大量氧气泡。直到达到其沸点，在海平面高度沸点是100 ℃（在喜马拉雅山巅只有71.9 ℃）。到了沸点，一切都改变了，是水自己变成了气体——水蒸气。在沸腾液体里到处都是变成气体的水蒸气泡泡，它们争先恐后地跑到表面……水开了：我们可以煮面了！

为什么每个人的肚脐都不一样?

肚脐是人体唯一的天然疤痕。但是和我们想当然的不同，它的形状是在出生前就决定好的，就像鼻子和耳朵一样。

生命纽带

像老鼠、大象，还有这个星球上许许多多其他的哺乳动物一样，我们都在妈妈肚子里成长，由脐带和妈妈连在一起。人类的脐带是一条近白色、长达50厘米的带子，里边有血管循环血液，以便为胎儿提供营养。但是出生之后，这条带子就没什么用了。

咔嚓！

在动物界，通常都是母亲咬断脐带。而人类，在出生后，通常会先中断脐带内的血液循环，然后再剪断。在之后的两天，为了让其晾干，人们还会保留一小节残端在新生儿的肚子上。这个残端最后自己会脱落，在腹部留下一个可厚可薄的疤痕——肚脐，直径都在1.5~2厘米之间。

玫瑰花蕾

为了简化，我们可以把肚脐分成两个大家族：凹陷肚脐（绝大多数）和凸起肚脐。不过每个肚脐都是独特的，种类无穷无尽，连同卵双胞胎的肚脐形状都可以不同。肚脐越深，这个地方越潮热，越容易滋生细菌：在研究了500个志愿者之后，研究人员找到了1400种不同的细菌。所以必须毫不犹豫地经常清洗肚脐，轻轻地用棉签擦拭。因此，定期看看自己的肚脐还是有必要的！

大笑，是我们丢开了控制权，并且放任身体陷入一个不可控的旋涡。要紧吗，医生？恰恰相反：笑得越多，身体状况越好！

我们为什么笑？

首先，我们笑可能是因为看到、听到、碰到或品尝到一些东西；也可能是一个社交型笑，我们笑是因为其他人在笑；当然，还有可能是被胳肢笑，属于一种物理刺激……在所有的情况下，大脑都接受到了一个信息——"好搞笑！"，那么开始笑了！

疯癫的身体

大笑由膈膜（位于腹腔和胸腔之间的一大块肌肉）突然放松开始。这个动作压缩了肺部，并启动了第一声"哈！"，然后紧接着是瀑布一样的"哈！哈！哈！……"由呼吸系统震动产生。肩膀抖动，同时心率和血流加速。在腹部，肌肉如此收缩，以至于我们都可以感觉到疼痛，就像我们快速做了一组仰卧起坐一样。这就是所谓的"把肋条都笑得崩断了"。如果狂笑持续，我们会开始出汗，并且飙出眼泪。甚至有时还可能尿裤子，因为一切都放松了！

天然药物

那么冷静下来的时候呢？这差不多是最好的时刻！因为疼痛和压力，就像在一场运动之后那样，内啡肽产生了，这种物质可以让我们沉浸在愉悦之中。实际上，大笑应当是必需的，尤其是对可悲的成年人来说，他们一天平均大笑5~15次，相比之下，5岁的孩子一天可以大笑300次！

比萨斜塔凭借它不可思议的倾角，无疑成了世界上最有名的建筑之一。这也就是为什么我们要尽可能让它一代代地继续令人称奇下去，千万别倒了！

自原版起

这座塔楼自1173年开始修建，目的是在比萨教堂旁边修一座钟楼。但是黏土质地面却让塔基不稳固。修建第四层起，塔就开始向南倾斜。为了修正，之后的楼层的建造都略微向北倾斜。但是没什么用，塔一直越来越斜。相对塔顶的垂直位置(57米高处)，1350年的时候塔偏了1.4米，然后1817年是3.8米，到了1993年，已经达到了5.4米，偏差角度为5.66°。我的天哪！需要紧急干预了！

大工程

人们首先在塔内部用钢制骨架进行了加固。然后，安置了700吨铅块配重，小心翼翼地移除了黏土并且在地上灌注水泥……真正了不起的技术壮举，带来了胜利的果实。经过10年的工程，2003年，这座钟楼的倾斜被修正了50厘米。这意味着，游客再次获准登塔，但一次只许一小波人，最多不超过30个。还有，请不要跺脚！

小奇迹

自从工程结束，人们一直都在持续监控塔的斜度。如此到了2013年，人们测得塔身自己又修正了2.5厘米。不过，塔最后会完全变正吗？不会的！工程师们言之凿凿，他们认为最后塔的倾斜度会达到稳定。我们还可以继续在前边拍照，比划出一只手就可以把斜塔撑住的样子。

为什么花会凋零?

花只要被剪下来放在花瓶中就会渐渐凋零,这很正常。那么为什么即使长在花园里,花也会枯萎呢?这只是简简单单的自然规律!

引诱任务

开出一朵花要消耗一株植物很多能量。但是这是有原因的,花朵越鲜艳芳香,越吸引昆虫和蜂鸟。如此,在花之间飞来飞去,这些小动物可以帮助植物交换花粉以保证物种繁衍。但是"舞会"不会持续太长时间:一旦一朵花授粉成功,它就不再需要拜访者了。"走开!本花关门啦!"于是花瓣不再受到滋养,枯萎后很快掉落在地上。

目标种子

然而花并没有就此死去。因为在枯萎的花朵中央,还保留着子房,那里是种子制造工厂,会汇聚植物全部的可用能源。这些种子经常会在果实中发育,果实同样也鲜艳芳香,这次,是为了吸引贪吃的小鸟或其他动物,它们囫囵吞下果实后会通过排泄把种子散播到各处。

快速生长

在我们的温带气候下,有着一年生植物,它们发芽、开花、结果的周期只有一年时间。除此之外,还有多年生植物,每年都会生长开花。不过在沙漠地区,有些种子在发芽前可以花几年的时间等待雨水,然后2~3天就开出花来!

蜗牛和鼻涕虫哪个爬得快？

当然鼻涕虫快，因为它们背上没有背着"房子"。不过，这真的是一个正确的答案吗？

软体表亲

我们已经认识了超过6万种蜗牛和鼻涕虫，它们是很相似的两种动物。很多鼻涕虫都有一个细小的壳，藏在身体里边。这两种动物都属于腹足纲：这个词是指"器官在脚里"，因为它们的身体理论上就是由一个巨大的脚组成的，一大块肌肉收缩然后舒张……如此，它们移动得特别慢，但一直都向前！

画出路线

相比我们白天可以看到的蜗牛，鼻涕虫到了晚上才从藏身之处出来。它们的一个共同点是，从躲藏的地方到可以让它们啃食的植物的路程一般不会超过2米。它们缓慢而坚定地前进，同时还会造出它们自己的"路"。为此，它们会分泌一种黏稠且润滑的物质——黏液，让它们可以在无论光滑还是粗糙的表面上移动，甚至还可以竖直移动！一只蜗牛平均一分钟可以移动6厘米，也就是3.6米/时。相比之下鼻涕虫要慢一半，2米/时，也就是约3.3厘米/分钟。

世界冠军

还有一个大差别，就是蜗牛有权参加世界赛跑锦标赛！25年来，这个大会每年都会在英国的康厄姆镇举行。当前的记录保持者是一只花园葱蜗牛——阿奇，它用两分钟就爬了33厘米，速度令人称奇地达到了9.9米/时。有什么秘诀吗？据"教练"说，给他的"田径运动员"喂野生芝麻菜，并且用爬垂直坡来训练，这样到水平表面它就爬得快多了。

先有鸡还是先有蛋？

这个奇怪的问题自古就有人好奇了。虽然很长一段时间人们都认为先有蛋，但是现今有些人还是持反对意见。不过我们讲的到底是什么鸡？什么蛋？

蛋的证据

对古希腊哲学家亚里士多德来说，这个问题相当简单：鸡和蛋一直都存在，就像宇宙一样！后来，古生物学(研究化石的学科)发现在鸡出现的上百万年以前，就已经有多种动物是卵生的了，比如鸟的祖先——恐龙。那么问题解决了：蛋先来的！

回到鸡

是的，不过，2010年，英国科学家证明要形成鸡蛋，必须要有一种在母鸡卵巢中才可以找到的蛋白质。据他们的研究，鸡才是最先有的那一个，因为鸡蛋只可以由母鸡造出来！好吧，同意！有些人答道：第一个蛋确实是由一个可以提供这种蛋白质的动物下的，不过，怎样可以证明这个动物就是一只真正的鸡呢？

回到恐龙

现在讲讲我们当今研究的进展：可以确定的是，第一只我们现在认识的这种鸡妥妥地是从蛋里来的。但是这个蛋无疑并不是完全是鸡的某种动物下的。自恐龙时代起，最后这一环节在一代又一代生物的进化中演变着。这个问题到目前为止还没有完全被解决，并且无疑会促使科学界继续吵来吵去，争执不休！

狗高兴时为什么摇尾巴?

狗的尾巴是它脊柱的一段延伸，就像一个放大它身体动作的鞭子一样。尾巴可以用作不同方式的交流。

心情晴雨表

当狗被抚摸得很高兴时，它的整个身体都在摇摆，所以它的尾巴在空中大幅地甩动；不过，在它闯祸了以后，它的尾巴动的方式就会因担忧而变得不连续；在它生气时，它把尾巴紧绷着竖起来；而当它害怕时，它会把尾巴夹在两腿之间……其实，狗的尾巴可以用来和同类以可见的方式交流。而其他动物——人类，却没有很好地理解这种语言，于是狗试图再多做些解释。不过对被尾巴从茶几上扫下来的花瓶来说，就可惜了！

风扇作用

还有，狗的嗅觉比我们灵敏1000倍，而且我们尽量不会去闻别人的屁股！不过在狗狗之间，肛门腺散发出来的味道是真正的"化学签名"，会传递大量的信息。如此，当它们想让我们注意到它们时，它们会举起尾巴，并且扇动尾巴以此扩散气味分子；在相反的情况下，它们会试图掩盖气味而夹着尾巴……

有没有尾巴？

有些狗出生就没有尾巴，或只有一截很短的尾巴，这不会给它们带来什么不适。不过残忍的是，人们会给自己的狗断尾。以前人们会给某些猎犬做断尾手术，为了让狗跑得更快，更好地在森林中穿行。在18世纪的英国，甚至还有狗尾巴税！今天，依然还有许多人为了所谓的"美观"，而给自己的狗实施断尾手术。这真的很残忍，不是吗？

"黑匣子"是为了解飞机事故的发生过程而设计的。因此，即使在最坏的情况下，我们也给了它被找到的机会。

咔啦！

早在20世纪30年代，民用飞行刚起步的时候，人们就开始使用飞机记录仪了。记录仪最初级的系统，包含一个不断定时拍摄驾驶舱仪表的照相机。胶片被保护在一个暗箱中，被命名为"黑匣子"。即使到今天，已经不再是同样的技术了，但这个名字还是被保留了下来。其实，当今有些仪器可以储存多达1300个航班数据：用这些数据可以在电脑上精准地还原出事故的发生。

坚不可摧

每架飞机配有两个黑匣子。驾驶舱通话记录器会保存飞行员的对话，还有舱内的杂音。飞行数据记录器，至少记录28种不同的数据，如飞行航线、高度、速度……这两个仪器被放置在飞机尾部，由三层坚不可摧的外壳组成：一层抗剧烈撞击，一层耐1100 ℃的高温，一层抵御5000米的深海水压！

同样在路上

为了更好地被定位，盒子被刷成鲜艳的橙色，还带有反光条。不过调查者找到黑匣子的时候它们经常已经被撞得坑坑洼洼，或是变黑了……在黑匣子掉入水中后，内部的无线电发射装置会被开启，在30天内持续发射"哔哔……"声。其实，你知道吗？卡车也配有"记录仪"，虽然相比之下更简单，但也担任同样的角色。在将来的某一天，汽车上可能也会配备。那么自行车呢？

为什么邮票贴在信封的右上角？

为了简化邮件处理，现代邮政制定了这个规矩。不过，搞怪也不是不可以！

邮戳

几个世纪以前，邮政业务刚刚开始的时候，是收件人支付其收到的所有邮件的费用。这是一个又贵又复杂的系统。后来，1840年，英国邮政发明了第一枚邮票。邮票的诞生带来了革命性的改变：只要先支付低廉的金额，人们就可以容易地寄信了。法国在1849年引进了邮票。在寄出的邮局，每个信封上都会盖个戳，显示寄件的时间，并且避免滑头们重复利用邮票。

电话出现以前

好吧，那么为什么把邮票贴在右上角呢？仅仅是因为在那个时代人们惯用右手，在信封上这个位置盖邮戳更快更容易！20世纪初，信件和明信片是主要的交流方式。在那个时期的巴黎，一天中，邮递员早、中、晚各送一次信：巴黎人可以在寄出一封信后当天就收到回复！

大机器

今天，邮件到达分拣中心，被每秒可处理14封信件的机器盖章分拣！如果邮票位置贴得不正确，或地址写得太奇怪，或信封太花哨，会发生什么呢？机器会吐出信件，然后再由人工处理。不过这些邮件还是可以到达目的地的：因为有法律的保障，而且还可以娱乐邮递员，他们一般都很喜欢这些"邮政艺术"！

为什么洋葱让人流泪？

自古时候起，人们就爱死这种圆圆的重口味蔬菜了。不过即使是最坚强的角斗士，用他的大菜刀切洋葱的时候，还是会无法抗拒地流下眼泪。

大球茎

我们吃的洋葱，就是它的球茎，是让这种植物得以繁殖的部位。把洋葱埋在土里，就可以长出一根近一米高的茎，并在顶端结出一朵漂亮的白色圆花。对于植物来说，它当然更希望能开花结果，而不是被切片或打成菜泥。

硫和酸

洋葱的味道如此之重,是因为它吸收了土壤中的硫元素,并且将其以油脂的形态储存在细胞中。只要我们切开果肉,一些细胞就会被切破,其中一种叫作蒜氨酸酶的物质,就接触到了含硫的油脂,产生一种刺激性气体,并且立刻就会散发到空气中去。更糟糕的是,在湿润的条件(比如我们的眼睛)下,这种气体会溶解并且形成硫酸——腐蚀性最强的物质之一。红色警报!为了保护自己,我们的大脑下令产生眼泪,并且眯起眼睛。这样做也会产生致命的错误,因为我们的眼泪越多,形成的酸越多。

小贴士

如果需要切几公斤的洋葱,最有效的办法是在一个盛满水的洗菜盆里进行:刺激性气体在放出之后马上就溶解在水里了。还有人先把洋葱放在冰箱里降温,不过没有哪种方法可以打败"运动员"的方法:在切洋葱之前先戴好游泳眼镜。以此打趣的人不许品尝洋葱派!

为什么我们在阴影处测量温度？

如果我们把温度计放在阳光底下，温度计会失控并且显示出一个和真实温度相差甚远的数值。或者说，是气象学家们想要一个更大的读数来互相攀比故意的吗？

气象站

为了使温度测量保持一致，所有的气象站都是一样的，在任何一个国家都是！你可能曾经遇到过，一个刷成白色的小百叶箱，有一人高，放置在户外的空地上，通常是草坪上。在高于地面1.5米处的箱子里，放置有各种测量工具。这些测量工具在百叶箱里被保护得很好，不受雨雪冰雹的侵害，同时也避开了阳光直射以及地表散发的热量。

太热啦

但是在大太阳底下，究竟是多少摄氏度？如果我们把温度计放在夏天正午的阳光底下，读数很容易超过60 ℃。在旁边的汽车引擎上再放一个温度计，读数可达到80 ℃！就是为了避免这些完全没有意义的浮动，我们才在百叶箱中测量气温。在中国，已知的最高气温达到过49.6 ℃，地点是《西游记》里的火焰山，位于新疆的吐鲁番。相比之下，利比亚1922年测得的世界纪录57.8 ℃简直太离谱了！

体感温度

然而在同样的气温下,我们的体感却可热可冷!因为还有其他影响因素,比如空气湿度、风向和风力、日照强度……自21世纪以来气象学同样也会涉及"体感温度"。这是一个以风速和湿度等因素为参数,计算得出的数值。例如,固定湿度下,气温15 ℃,北风风速20千米/时,体感温度是10 ℃。

为什么大孔奶酪上边全是洞洞?

很久以来，这些洞洞的形成原因不动声色地吊足了奶酪专家们的胃口。终于，2015年，一项发现在奶酪洞洞学界迈出了巨大的一步！

明星奶酪

真正的大孔奶酪原产于瑞士，瑞士是唯一拥有大孔奶酪原产地认证的国家。不过大孔奶酪现在在许多国家已经形成工业化生产。法国有世界上最大的生产商，大孔奶酪同样也是法国人的最爱，法国人每年会吃掉21万吨大孔奶酪，相当于29个埃菲尔铁塔的重量（平均每人3千克）！

奶酪之"眼"

要制作大孔奶酪，人们先把凝乳压在一个模具中。然后，将其浸入盐水中，使其在外围形成一层壳。接着在一个阴凉的地窖中，奶酪慢慢地转变，开始"成熟"（发酵）。不过洞洞都是从大奶酪块（最大的纪录是75千克）被转移到一个温度较高（20~25℃）的地窖后开始产生的。在温度的作用下，几周下来，细菌发酵释放出多达150升的二氧化碳进入奶酪块，形成大气泡，人们称其为"眼睛"。因为这些气泡被"关"在奶酪中无法冒出去，所以它们把整个奶酪块都撑了起来，于是奶酪块变得鼓鼓的！

气泡核心

好吧，那么为什么气泡在这里形成而不是在别的地方呢？这个重要的问题最近才被解决，人们发现奶酪中含有细小的干草颗粒，这来自于前期处理工艺。在这些小颗粒进入奶酪之后，会形成一些微小的气囊，之后的发酵工艺中，气体一点点围绕这个核心形成大气泡。如果它们不在那里，我们吃没有洞洞的大孔奶酪，也总比吃没有大孔奶酪的洞洞强。

这个问题会令世界上很多穿着这种舒适服装的男人莞尔一笑。很简单，它只是没有很好地被我们今天的文化所接受。

历史和地理

裙子是一块裹在胯部的布料，没有分腿。穿裙子的男人就缺少男子气概吗？谁敢对一个古罗马角斗士或一个维京战士说这种话？直到今天，裙子还是印度尼西亚、南印度、波利尼西亚男人的基本服装。别忘了还有苏格兰著名的格子短裙！那么为什么在中西方的绝大多数国家，男人们都选择不穿裙子呢？

为什么男人不穿裙子？

别人的目光

在中世纪，男女贵族都还穿着同样的长袍。但是在15世纪，男性时尚向短袍演化，然后又演化出分腿的马裤，将长袍变成了女性专属。但近年来，不少时装大师建议将裙装再次回归男性。不过在大街上还是很少见到男人穿，因为敢于穿裙子上街的男性需要迎接别人的目光，别人会以为他们在"变装"！还有人因此而焦虑，认为男人穿裙子会模糊性别的边界，或者甚至会危害社会。而如果他们试一下，马上就会明白夏天穿裙子是多么舒适！

女人也同样

我们也可以相信时尚会改变。毕竟，这就是裤装所经历的：1800年，专门有条法律禁止巴黎女性穿着男性的衣服！滑稽的是，这条法律一直未被废除，到了2013年，官方终于宣布这条法律没有任何意义。时代呀……

我们的腿为什么会麻?

我们的心脏不停息地跳动,是因为血液必须循环给全身带来氧气。如果一个事故阻止了血液循环,那么麻木的感觉就是一个警报信息!

糟糕的姿势

这一切经常从我们想别的事儿的时候开始。当我们阅读时,走神儿时,看屏幕时,甚至睡觉时,保持一个有点奇怪的姿势时,比如一条腿或胳膊被压在身体底下时……突然间,我们感觉到这个肢体麻痹了,就像瘫痪了一样。我们立即改变姿势,但是仍有小小的刺痒蔓延,就像里边有好多小小的针在轻轻刺你一样!

烧脑

那么到底发生了什么？糟糕的姿势会压迫到静脉血管和毛细血管。而这个血管网络其实是被大量的神经系统传感器所监控的。如果血液不循环，传感器会立即发出信息："警报！组织有缺氧的威胁！"大脑马上做出反应，引起麻木，强迫我们换个姿势。就是从这里开始突然发生的一切：在血液再次流通时，传感器会发出相悖的信息"通了！""堵了！"然后脑就混乱了，做出回应，出现刺痛感，所以我们开始活动的时候反而更不舒服。

法国人为什么用"蚂蚁"来形容？

16世纪，外科医生安布鲁瓦兹·巴累使用"蚂蚁攒动"来形容麻木感，就像一大群蚂蚁在皮肤底下跑一般。之后，这个表达进入了日常用语。除了形容腿麻了，法国人也用"腿上有蚂蚁"来形容人坐不住。

为什么猪尾巴像开瓶器一样是卷的?

孩子们特别喜欢发挥想象力编出各种滑稽的故事来回答这个问题。从科学角度来说,我们更倾向于考虑基因的历史。

缓慢的选择

家猪不过就是驯化家养的野猪。最早的驯养在土耳其,距今已经有 9000 年之久了。在亚洲其他地方,随着时光变迁,野猪被改造成不同的品种。原理都是一样的:人们总是会选择不怕生,并且拥有他们感兴趣的体征的动物进行驯化。

直还是卷

从侏儒猪,到 350 千克的巨型"大白猪",今天世界上有超过 100 个品种的猪。大部分都是直尾巴,就像它们的野猪祖先一样,它们可以摇动尾巴以便给同类展示自己的心情。对于长着有名的"开瓶器"卷尾的品种,我们可以认为养殖者根据他们的经验,从实际应用的角度选择了这个体征(阻止猪之间互相咬尾巴),或是单单为了美观。不过这也有可能是一个非主观的效果:有些人们想要保留的体征的基因同时也会影响尾巴形状的表达,就这么简单!

其他一方面

再说,卷尾也不是永久的。如果我们用手指轻挠母猪后腰部,它的尾巴立刻就会变直,这就是"脊柱前曲反射",是为了准备交配。那么,既然我们开始了这个话题,就再多说一句:你知道所有野猪、家猪的"鸡鸡"都像开瓶器一样是卷的吗?

为什么军人的头发特别短？

为了让大家看上去都一样！因为在部队，要保证整齐划一，不可以有任何能被辨认出个人的细节特征。

入伍仪式

当一名年轻人加入部队时，第一步就是先理发。当他从理发店出来的时候，头上顶着的就是3毫米长的"标准"平头了。设想下：一群起初外表各不相同的年轻人互相看看，他们看到的都是看上去相似的军人了。

辫子和虱子

路易十六时期的要求与现在刚好相反，士兵们的头发必须长于6寸（20厘米），而拿破仑的轻骑兵在脸的两边各扎一条长辫子！不过在19世纪末期，他们发现这成了寄生虫流行的元凶。于是他们强制士兵留短发，为了避免虱子，同时还可以更好地配戴头盔和防毒面具。那么，短到什么程度呢？有一句话是这样形容的：绑上发带后不可以看出任何头发的印子或凸起。为了标示出不同，伞兵和外籍军团都要刮成"灯泡"！

力量的象征

在20世纪60年代,美国士兵打仗时必须剃头,为了不被抓住头发。今天,世界上大部分国家的士兵都选择了这个发型。军规是这么规定的:"我们要避免一切明显可见的任性,并且采用一个可以方便佩戴规定军帽的发型。"是,长官!

为什么一个星期明明是7天，而法国人却喜欢用8天表示一个星期，15天表示两个星期？

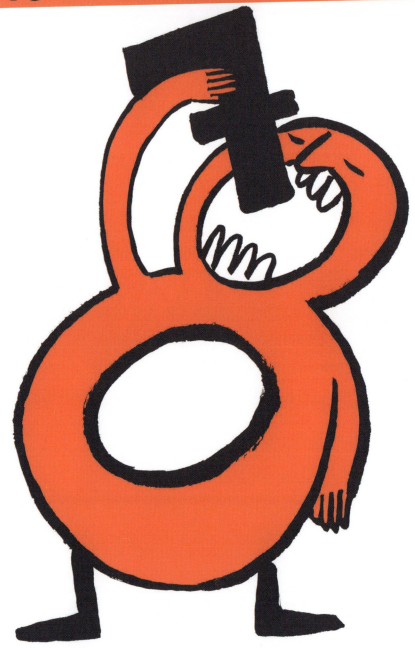

只是因为他们四舍五入了。但是仔细琢磨琢磨这个问题，我们还可以在此找到古代日历的影子。

应用实例

法国人外出度假订房时，通常都说8或15天，比如第一天是星期六中午开始，至下个星期六第8天，或下下个星期六第15天同一时间……然而，其实只入住7或14晚。不过还是关系到8或15个白天，即使最后一天只能停留半天。而且，在法国，没人会讲14天左右。

语言传统

那么如果我们和其他国家对比一下呢？英语和德语中都用14天指两个星期；而相反地，意大利语和西班牙语都用15天来指两个星期。结论是：拉丁语系习惯将两个星期说成15天。那么8天哪儿来的？这很可能是高卢罗马时期的历史遗留，在公元321年，君士坦丁大帝重置历法之前，人们习惯将星期划为8天而不是7天，甚至之后的第9天是单独的，只是为了分隔开两个星期。

终究还是一个星期

其实，这个回答也要放在语境中来看：除了有历史影响外，当然有时法国人讲"8或15天"也是为了图方便，因为听起来更好听。只有罗马人会抱怨："我要租一间别墅，整8天，他们简直在抢钱，以朱庇特之名！"

为什么人们喂宝宝吃饭时要张开嘴?

当然是为了让婴儿做同样的动作。即使面对淘气包,这个小窍门也管用,因为我们的大脑就是这么设计的!

爸爸也来一勺

这是一代又一代不断重复的场景。婴儿，坐在餐椅里，爸爸妈妈拿着装着米糊菜泥的勺子靠近时，他们立刻把头扭向一边。大人甚至都没有意识到，自己会张大嘴巴。这个毫无新意的举动却还挺管用，其原理我们最近才弄明白。

镜像神经元

在20世纪90年代，对猴脑的一项研究中，意大利研究人员惊讶地发现如果他在某只动物面前做什么动作，这只动物虽然没有做，也会"想到"和他一样的动作。这个现象也同样出现于人类身上：比如，当你看见有人举起了胳膊，我们的大脑就会激活运动神经元，微小的电流就会指挥我们也举起胳膊！这就是为什么我们将这个机理命名为"镜像神经元"。婴儿看到张开的嘴，他们的神经元就会做出反应。然后一段时间之后，反射高于意识，最终他们也会张开嘴。

如此的好时光

我们今天已经知道就是同样的神经元让我们看到别人疼痛时做怪相，就像我们分担了他的痛苦一样。或者好的方面，当看到别人微笑时，我们也充满喜悦。已经被证实：相比对婴儿张大嘴，要尽量对着婴儿多重复这个美丽的举动——微笑，为了给他最初的人生一段最好的时光！

为什么我们在勺子凹面看到的像是倒着的?

不锈钢勺子的表面就像小镜子一样，可以反射出对面的像。不同的是，勺子不是平的，于是就会改变反射的方式。

凹面

当你照镜子时，光线平行到达镜面，并且平行返回。于是，反射的图案(除了左右相反外)和被反射的物体是一样的：你的脑门在上边，你的下巴在下边。但是在勺子的凹面，形成了一个凹面镜。于是，这就改变了光线的角度：这次它们反射后会先交叉，然后朝反方向发散出去，于是你看到的像是倒着的！

巨型勺子

为了观察太空，天文学家差不多也使用了同样的原理。在望远镜中，一个凹面镜将光线汇聚并反射向一个透镜，在那里，图像被放大。镜子越大(一般8~10米，中国于2016年建成了世界上最大的球面射电望远镜，直径达500米)，望远镜接收到的光线越多，看到的星系就越细致，也看得越远。

凸面

让我们回到地球上。如果你把勺子转过来欣赏你在另一面——凸面的像呢？

这一面，形成了凸面镜：反射的光线向外而不聚集，从一个中轴发散出去。这回，像会保持同样的方向。如果凹面也好凸面也好都看到你脸上沾着酸奶，这有两种可能性：(1)你做实验之前忘记洗勺子了；(2)你吃得满脸都是！

我们被撞后为什么会起包？

咚！哎哟！这才是刚刚开始。之后很快你的额头就会形成一个蛋一样的包。不用担心，这不过是皮肤下面出了些血，最后会被身体吸收掉的。

小血管

大量细小的血管——毛细血管在皮肤底下形成了巨大的网络。当发生剧烈碰撞时，即使没有开放性的伤口，毛细血管壁也会裂开。于是，血液会溢出并在周围组织间隙中扩散。如果你撞到了比较厚实的身体部位（比如说屁股），就会形成一块皮下淤血，也就是——淤青！

骨头附近

在身体其他部位，比如颅骨（还有下颚、肘部、膝部、小臂或是胫部），骨头离皮肤很近，没有足够的间隙容纳毛细血管破裂流出的血液。当发生碰撞时，这些血液会局限在一起并向外将皮肤顶起，形成一个硬实的肿块。不过肿起过程不会持续太久，毛细血管很快会自我修复并止血。

如何应对？

最好先用冰（或至少是冰水）敷你刚刚撞到的地方，持续5分钟。在低温作用下，毛细血管收缩，流血减少。然后，搽点缓解疼痛并且软化肿块区域的软膏，促进愈合。之后几天，周围的组织会慢慢吸收流出的血液，同时血液中的色素——血红蛋白会发生变化，包块的颜色会先是蓝紫色、青色，然后是黄色，之后差不多15天左右就会消失！

一星期中每天的名称是怎么来的？

法语和其他很多语言一样，都借鉴了罗马的日历系统……那么中国呢？

星期的诞生

罗马帝国初期，月被分成不等的时间段。我们可以找到历日（每月的第1天）、祷告日（每月第5天或第7天）、分日（第13天或第15天）。比如古罗马人会说："预约在历日前第11天"……直到公元321年，君士坦丁大帝决定创立一个更容易的系统，将日子划分为7天一个单位！

众神和行星

那个年代，天文学家只认识太阳系里的7颗星体，每颗星都和一个神联系在一起。于是日子也被用同样的方式命名！于是就出现了星期一是月神露娜之日（月亮），之后以此类推，战神玛尔斯之日（火星），信使墨丘利（对应希腊神话中的赫耳墨斯）之日（水星），朱庇特之日（木星），维纳斯之日（金星），萨图尔努斯之日（土星），太阳之日（太阳），这些名称之后被转变成了不同的语言。

星相制还是数字制？

世界上有很多国家都沿用了星相制度，除了西欧，也包括亚洲很多国家。那么所有国家都是这样吗？也不尽然，相对于"星相党"，还有一部分国家把星期的名称简化成了数字，中国、捷克、俄罗斯等国家（多见于东欧国家）从星期一起，依次将名称简化成了数字；然而"数字党"中还有一个分支，比如希伯来语和葡萄牙语中，星期日被叫作"第一日"，以此类推，星期五则是"第六日"。

另外，在中世纪时期，天主教会希望消除古罗马众神的痕迹，于是就改变了日期的名称。比如，光之日、殉道日等等。不过行不通，只有安息日（星期天）被保留了下来，因为没什么能阻挡人们休息！呼，今天的太阳可真毒！

为什么我们会停止生长？

因为就是这么"设计"的！我们的生长遵循不同的周期，直到我们大到可以繁衍后代或是换灯泡……

超级宝宝

出生的时候，我们平均有50厘米长。自此，生长开启了超级快速模式：一直到3个月，婴儿每个星期可以长3厘米，相当于一天1毫米！后来节奏就慢了下来，一岁时差不多到75厘米，两岁85厘米，三岁95厘米……之后，我们平均每年只长6厘米，直到青春期到来。

我们是怎么长高的？

生长过程是被脑垂体分泌的生长激素操控的。脑垂体是一个位于脑部的豌豆大小的腺体。器官发育的同时，身高随着骨架中的长骨变长而增长。在儿童的长骨末端，有着一种特殊的软骨，这些软骨细胞可以分裂并且形成骨细胞。生长只在夜晚且身体状况好时进行。妈妈说得有道理：如果你想长高，就要吃好更要睡好！

小差异

到了青春期，女孩 11 岁左右，男孩 13 岁左右，性激素就开始发挥作用了。生长再次变得迅速，开始的时候可以达到每年 9 厘米！之后在青春期结束的时候，我们停止生长，女孩在 16 岁左右，男孩的生长期则更长，一般到 20~21 岁。这就解释了男女身高的差异。在法国，男人的平均身高为 1.75 米，而女人的平均身高是 1.62 米。不过，还是有高大的女篮运动员和矮小的男赛马骑师 (骑师必须身材矮小)。幸好我们都不是一个模子刻出来的！

为什么
模特都那么瘦?

模特姑娘越瘦高，衬得她穿的服装越值钱……不过相比过度减肥对身体的伤害，这个借口真的有必要吗？

瘦骨嶙峋的女人

保持一个"完美身材"这个主意傻透了，因为随着时光流逝，人们对"完美身材"的定义一直都在改变！比如，20世纪80年代的顶级超模都有运动员一般的肌肉曲线，宽阔的肩膀，有胸有胯。但是自从90年代起，人们却只追求"轻如羽毛"。当今的模特的平均身高是1.79米，而体重只有53千克：她可以穿进一条加小码的裤子，就像14岁的小姑娘一样。

苗条还是消瘦？

对成衣设计师来说，瘦骨嶙峋的模特可以很容易穿出他们画在纸上的服装手稿的精巧感。广告商们说，人们不喜欢在海报上看到一个"普通"的女人……据法国面料与服装学院的统计，法国女性平均身高1.62米，体重62.4千克（也就是穿中码的裤子）。即使有些人想要看到与她们自己身材相似的模特，但更喜欢对着藤条般纤细的女孩做白日梦的也大有人在。不管怎么样，都要学会分清梦想和现实。

最低体重

真正的问题是，极少有人能有"运气"拥有这样的超瘦体态。其他人，或已成为模特的，或梦想成为模特的，都在虐待她（他）们的身体。我们如果只吃生菜，会有患严重疾病的风险！在法国，还有其他一些国家，模特不可以消瘦过一个界限。甚至在西班牙，商铺被要求不可以在橱窗中陈列比中码小的成人服装。

为什么男人也有乳头？

在哺乳动物中，雄性和雌性都有乳头。对于自然界来说，一并造出来还是更方便些，即使雄性从来都不使用。

最初几星期

在形成初期，胚胎还不分男女：还看不出他们未来的性别。一切都从第 7 周性激素开始作用时改变。男孩和女孩开始形成各自的生殖器官。好吧，不过在此之前乳头已经形成了。那么事到如今，我们还能怎么办？

保留选项

我们什么都不用做！因为从自然角度来讲，完全没有必要在胸部再造出一种不同的解剖结构。给每人都配备乳腺的"全套配件"非常容易。青春期的时候，女性的胸部会发育，然后等她们要有宝宝了，激素会开始刺激乳汁分泌。至于男人们，则保留了他们平坦的胸膛、无用的乳头（有的还长着毛）。

不可思议，不过是真的

1992 年，人们吃惊地发现马来西亚的一种蝙蝠，雄性有时也会产奶喂幼崽。其实，这也不至于那么让人惊讶：男人也是可以产奶的！这种情况发生在有些病人必须服用雌性激素的情况下，甚至有男人哺乳的案例，特别是在非洲的俾格米人中。按照达尔文的说法，这个能力可以帮助我们远古的祖先存活：如果妈妈消失了，比如被猛犸象压死了，宝宝还可以嘬爸爸的奶喝！

为什么有些动物是哑巴？

没人听到过蚯蚓的喊叫。如果说所有的生物都住在一个世界里，那么这个世界必然存在有上千种的交流方式。

格格不入的安静

哞！喵！咩！汪！……我们随便就能感受到十几种不同动物的叫声。动物有家养的也有野生的，但是它们当中，存不存在有的个体生下来就是哑巴（或聋哑的）呢？答案是肯定的，猫和狗都可能出现这样的残疾。不过在自然界，聋哑动物非常难以生存：它们很容易就成为猎食者的猎物。

噪声和声音

为什么有时候一只动物会"毫无理由"地竖起耳朵？因为它们的听觉和我们完全不同！有些特别低沉或特别尖锐的波段我们的耳朵接收不到。但是，通过这种次声波，大象可以同10千米远的同类交流，而海洋中座头鲸发出的次声波则可以传到上百千米远。有些动物，如小型啮齿类和蝙蝠，可以发出并接收超声波，这让它们得以确定自己的位置和感知前方的障碍物。

其他世界

所有声音，不管是你能听到的还是不能听到的，都是在空气、水、地下传播的声波。但是世界上还存在其他种类的波，比如热、光、电磁波……如果你长了一个光波发生器取代声带，像萤火虫一样；抑或一个放电器官，像鳐鱼一样，那么你"讲话"的方式会完全不同。况且，在你安静读书的时候，说不定离你不远处就有两只鼹鼠在拉家常或两只虫子在唱情歌呢！

13

黑色星期五
会带来好运
还是霉运?

如果 13 号恰好是星期五，就叫作黑色星期五。它每年都会出现 1~3 次！在基督教文化的国家，这一天不会放过任何一个人，因为这是各种迷信的交汇点。

被诅咒的数字

《圣经》讲述了，在耶稣最后的晚餐时，他周围有 12 个门徒，加上他，同席者一共是 13 人。其中犹大出卖了耶稣，当晚就把他交给了罗马人。这就是这个数字的坏口碑的主要发源，至今都还在生活中出现：人们会避免一张桌子上坐 13 个宾客，在欧洲的很多酒店里经常既没有 13 号房，又没有 13 层，甚至飞机上都没有第 13 排座。

一天或另一天

耶稣第二天就被审判并且被钉在了十字架上，那是一个星期五。多少世纪以来，在法国以及盎格鲁-撒克逊[1]文化中，13 号星期五被认为不吉利。甚至法语中还有一个冗长复杂的词专门表示"黑色星期五"。不过在不同的国家也有一些变化，比如在西班牙和希腊，相比之下不吉利的日子是 13 号星期二，因为星期二是玛尔斯之日，战神必然象征着鲜血。当地有句俗语："13 号星期二，忌嫁娶，忌出行。"

幸运日？

那么为什么法国乐透在黑色星期五有很多下注记录？因为这是一个祈求运气的方式！如果 5 个法国人中有 1 个真的相信这一天可以带来好运，那么，在这一天想要碰碰运气的人数就会翻倍。迷信的秘密，就是不要试图理解其逻辑啦。

---

[1] 由盎格鲁和撒克逊两个民族结合的民族，现在大部分的英国人即属于该民族。——译者

热狗里边有狗吗?

当德国移民带着这种三明治来到美国时,这个笑话让他们受尽嘲笑:最晚到的总是最倒霉的。

新鲜熏制

热狗香肠的直系祖先出现于大约1500年,在德国法兰克福。切成细末的猪肉和牛肉进行混合,经过调味和熏制后,储藏在天然肠衣中。我们甚至可以猜测,那个世纪末期,已经有当地的屠夫产生了将这种香肠夹在小面包里的想法,但是今天谁能证明呢?

狗贩子

19 世纪中叶，德国移民们带着他们的"法兰克福肠"配方抵达了纽约，此外同一时期到来的还有一种腿特别短的猎獾犬，俗名也叫"腊肠犬"。很快，有人控诉猪肉商，说他们悄悄地使用了狗肉！但是这也阻止不了他们的香肠名声大噪。1870 年左右，在康尼公园的娱乐区，有个叫查理·费特曼的人，建议将香肠配着酸菜和热的小圆面包吃，名字就叫作"热狗"。很快，这种三明治就风靡各地，并演变成了长条形。

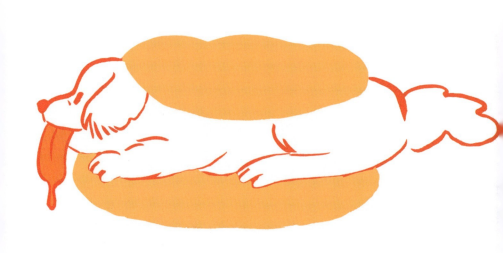

赞！

今天，在欧洲所有的街角，我们花 1 美元就可以买到一个基本款，在小面包中夹着一根香肠，还可以配不同的口味——芥末酱、番茄酱、洋葱圈，以及各种调料。其实，香肠里边有什么呢？主要是混合的猪肉、牛肉、鸡肉，还加入了淀粉、水、玉米糖浆增稠。其实，好吃就行了，提那么多问题干嘛！

为什么法国人打电话说"啊喽"?

在法国，几乎所有人打电话时说出的第一个词都是"啊喽"，这也是向给我们打电话的人表明"我正在听你讲"。那么为什么不是"咕咕"或"亚卡伊迪"呢？

真正的反射

发现这点很有意思：现在已经是智能手机的时代了，然而这个约定俗成的开场白至少已经经历了5代人而毫无改变。以前，打电话要先摇手柄，然后让接线员来转接！"啊喽"变成了一个习惯反应，就像我们犹豫的时候会说"呃……"一样。

简短明确

这个词实际上来自英国海员向对方船只打招呼，类似于"祝福你"。在英语里，这个词最后变成了大名鼎鼎的"hello"，官方于1860年编入了字典，相当于比美国人格雷厄姆·贝尔发明电话早一点点。是他的同事——同为多产的发明家托马斯·爱迪生，第一次在电话筒中使用"hello"这个词。很快地，这个词在电话话务接线员中流行了起来。法国人只是沿用了这个词而已，只不过法语的字母 h 不发音，就变成了"啊喽"。

世界范围

在日本，人们会说"莫西莫西"（我跟你讲，我跟你讲）；在中国，人们会说"喂"；在意大利，人们说"普罗都"（准备好了）；在西班牙是"迪噶"（说吧）；但是墨西哥却是"波咯"（好的）；德国是"哈罗"；葡萄牙是"啊啰"。不过，不管哪个国家，我们接到广告推销电话时，所有人都会发出"Grrrr"的声音（或者更糟）。

为什么腊肠

腊肠的名字来自拉丁语,意思是"咸的"。两千年前,罗马人已经参透了其中的秘密:为了让香肠不至于很快就发霉变质,就在里面加入可控的化学物质,并将其晾干。

一团糊

历史上的大输家,是猪!因为它们提供的 70% 的瘦肉和 30% 的肥肉刚好用来做腊肠。当全部肉都经过绞肉机绞成肉馅后,人们会根据各自喜好的配方进行调味——胡椒、大蒜、酒、水果干或者奶酪……除此之外,人们还会往这团"糊"中加入盐和糖,还有两种特别珍贵的配料——一种特制的盐和乳酸酵母,这都是将鲜肉转化为肉干的必要条件。

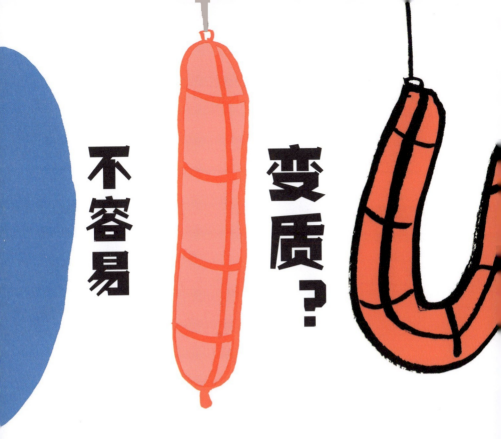

不容易变质?

细菌们,开工啦!

现在到了放置的时间了:借助一个推杆,人们把肉灌入包膜中,最好是牛或猪的肠衣。然后用绳子将口扎住,首先要在一个又热又潮的地方放置2~3天来"发汗"。目的是什么?是为了加速细菌的繁殖,让它们"吃掉"糖,放出酸,以便于肉质的保存。没有这一步发酵,腊肠就不会形成,而是会变质!

细小的花

用绳子悬挂6~10周后,腊肠被放置在一间足够凉爽的房间晾干。发酵会变得缓慢,但是还会继续进行,这促进了香味的产生,并使腊肠失去30%的重量。腊肠表面形成特别的"花朵":一层白色或浅绿色的微型"蘑菇"(真菌)。这非常卫生,而且象征着品质!剩下的就是切片品尝,还有选择阵营:吃皮党还是剥皮党?

为什么人们会把粉红色和女孩

服装、杂志、配饰，还有玩具，惊人地……女孩那边，全都是粉红色！不过不要相信以前的公主们都生活在这样的装饰中，因为这只是一个非常新的"传统"。

男人粉

如果我们可以让一名中世纪骑士穿越到今天的玩具商场里，他一定没法相信自己的眼睛！因为在他们那个时期，粉红色，也就是他们所说的苍白的红色，是血和战争的颜色。而与此同时，蓝色被认为是更加温和的，和圣母玛利亚联系在一起，所以是给女人用的颜色。

大家都是白色

实际上，几个世纪以来，没人自问应该给自己的孩子穿粉红色还是穿蓝色。因为染料很贵，所以只用于成人服装。而且直到6~7岁，男孩和女孩的衣服都没有什么区别。在以前的油画中，甚至19世纪的照片里，我们同样可以看到留长发穿白色长袍的小男孩，和女孩们一模一样。因为白色象征着纯洁和无辜，而且洗起来也更容易！

以及蓝色和男孩联系在一起？

广告的力量

直到20世纪30年代，粉红色和蓝色才开始分别与女孩和男孩相关联。第一个成衣制造商建立了这一趋势，为了保证家长不重复利用孩子的睡衣，比如把姐姐的睡衣给弟弟穿。在70年代之后，一些年轻的家长认为这个时尚有些"性别歧视"，于是风潮就过去了。可直到80年代，这个潮流又强势回归！从那时起，它就再也没有停止过，服装、玩具以及配饰……不过如果身为女孩，完全有权利提出质疑：我们真的有必要相信，世界上最美丽的东西必须是粉红色带闪粉的兔子吗？

为什么右撇子

大脑半球

这很容易验证，所有人都惯用一边的手或脚，甚至一只眼睛比另一只眼睛看得更清晰，或一只耳朵更灵敏（除了有人叫我们收拾房间的时候）。解释呢？自从出生起，大脑的优势半球就已经决定了：左撇子的右脑和右撇子的左脑。但是，一切又不是这么简单，因为也有部分左撇子，比如，用左手写字，却用右脚踢球。

一开始就是

最近，科研人员识别出了一个貌似在机体的左右优势表达上起作用的基因。但是这个基因的变异会导致严重畸形，比如心脏逆位。然而，左撇子并不是病！那么为什么左撇子和右撇子在人类中不像在猴子中那样，是一样多的呢？其实，我们还是不懂！我们只知道这是人类一个古老的特性，因为对史前的石器工具的研究表明，我们远古的祖先中的左撇子也是少数。

比左撇子多？

最新研究表明，12.7%的法国人是左撇子。但是真正奇怪的是，左撇子还被认为是奇怪的现象。

别人的眼光

在亚洲的一些国家，左撇子的比例不超过3%！不过也要知道，左手在有些文化中被认为不洁：比如在印度，用左手吃饭是非常令人震惊的。从他们的童年开始，左撇子们就被强制"纠正"。就像法国以前一样，人们会把左撇子孩子的手绑在背上。自从这个野蛮的行为被叫停起，左撇子的人数开始逐渐增多。我们要问一下达芬奇怎么看，这位历史上最有名的左撇子！

Contents
目 录

人终有一天可以飞吗? ·· 2
为什么巧克力的味道要比蔬菜好? ······························· 4
我们为什么会叹气? ·· 6
为什么我们吃完红菜头后会尿红色的尿? ····················· 8
为什么不同地区的贴面礼次数不一样? ······················· 10
为什么法国国歌叫《马赛曲》而不叫《巴黎曲》? ·········· 12
为什么英国人用脚(英尺)和拇指(英寸)测量? ········ 14
为什么男人秃头比女人多? ·· 16
鸟会唱错歌吗? ·· 18
为什么牛的屁对我们的星球有害? ······························ 20
为什么挠自己的痒痒不管用? ····································· 22
为什么消防车的警笛声靠近的时候会有变化? ············ 24
飞机为什么不用扇动翅膀就可以飞? ·························· 26
为什么法国人说的冰糖马栗实际上是板栗? ················ 28
为什么我们不能复印欧元钞票? ································· 30
为什么我们打哈欠的时候会捂嘴,但是放屁的时候却不会捂
　屁股? ··· 32
袜子是如何被弄丢的? ··· 34
为什么夜里房子会发出嘎啦嘎啦的声音? ··················· 36
我们可以在糖浆中游泳吗? ·· 38
我们会被月亮晒伤吗? ··· 41
为什么我们有5个指头,而不是3个或7个? ············ 42
猫头鹰的眼睛比脑子大吗? ·· 44
为什么灰尘一直都有? ··· 46
为什么有时我们喜欢恐惧的感觉? ······························ 48
为什么你和宠物在一起时会变得跟"幼稚鬼"似的? ········ 50

人们是如何把牙膏做出条纹的？	52
为什么我们不像猴子一样浑身长满毛？	54
为什么我们把圆形的比萨放在方形的盒子里？	56
为什么我们用马力来表示汽车的功率？	58
为什么涂了黄油的面包片总是会黄油面着地？	60
为什么金属比木头凉？	62
为什么巫婆都骑扫帚？	64
智齿这个名字是怎么来的？	66
为什么蝙蝠头朝下睡觉？	68
为什么奶是白色的？	70
为什么打哈欠会传染？	72
为什么我们在学校用格线纸写字？	74
为什么我们打喷嚏时会闭上眼睛？	76
为什么水是湿的？	78
为什么昆虫会扑向亮着的灯泡？	80
绵羊泡在热水里会缩小吗？	82
岛会沉没吗？	84
为什么猫都害怕黄瓜？	86
为什么愉快的时光总是那么短暂？	88
为什么宇航员必须会游泳？	90
外国人为什么按打卖鸡蛋？	92
天上会下青蛙雨吗？	94
为什么南极比北极冷？	97
鱼会喝水吗？	98
狗会看电视吗？	100
当我们闻到气味时，是什么进入了鼻子？	102
为什么屎闻起来是臭的？	104
炸鸡块里边有鸡吗？	106
为什么飞机上没有降落伞？	108
打开冰箱的门可以给整个房间降温吗？	110
地球上有多少粒沙子？	112

为什么人们画眼妆的时候张着嘴？ …… 114
为什么晚上关灯后我们看到的世界是黑白的？ …… 116
为什么兔子会吃屎？ …… 118
舌头为什么会粘在冰块上？ …… 120
为什么世界上没有龙？ …… 122
为什么大海不总是蓝色的？ …… 124
为什么法语语法中阳性比阴性优先？ …… 126
为什么蚊子发出的"嗡嗡"声让我们如此恼火？ …… 129
为什么我们的脚有时很臭？ …… 130
为什么回旋镖总会飞回来？ …… 132
为什么我们不用老鼠肉给猫做食物？ …… 135
为什么鸡有翅膀但不会飞？ …… 137
为什么有的时候水里会有气泡？ …… 138
为什么每个人的肚脐都不一样？ …… 140
为什么会笑到肚子痛？ …… 142
比萨斜塔是不是快倒了？ …… 145
为什么花会凋零？ …… 146
蜗牛和鼻涕虫哪个爬得快？ …… 148
先有鸡还是先有蛋？ …… 150
狗高兴时为什么摇尾巴？ …… 152
飞机的黑匣子是什么颜色的？ …… 155
为什么邮票贴在信封的右上角？ …… 156
为什么洋葱让人流泪？ …… 158
为什么我们在阴影处测量温度？ …… 160
为什么大孔奶酪上边全是洞洞？ …… 162
为什么男人不穿裙子？ …… 165
我们的腿为什么会麻？ …… 166
为什么猪尾巴像开瓶器一样是卷的？ …… 168
为什么军人的头发特别短？ …… 170
为什么一个星期明明是7天，而法国人却喜欢用8天表示
　一个星期，15天表示两个星期？ …… 172

为什么人们喂宝宝吃饭时要张开嘴？……………………174
为什么我们在勺子凹面看到的像是倒着的？……………176
我们被撞后为什么会起包？…………………………………178
一星期中每天的名称是怎么来的？…………………………180
为什么我们会停止生长？……………………………………182
为什么模特都那么瘦？………………………………………184
为什么男人也有乳头？………………………………………186
为什么有些动物是哑巴？……………………………………188
黑色星期五会带来好运还是噩运？…………………………190
热狗里边有狗吗？……………………………………………192
为什么法国人打电话说"啊喽"？……………………………194
为什么腊肠不容易变质？……………………………………196
为什么人们会把粉红色和女孩以及蓝色和男孩联系在一起？
………………………………………………………………198
为什么右撇子比左撇子多？…………………………………200